学芸みらい教育新書 1

新版 授業の腕を上げる法則

向山洋一
Mukoyama Yoichi

学芸みらい社

まえがき

この本は、毎年教育書のベストセラーのトップであった。それも三〇年間。多くの大学、多くの教育委員会が「授業とはどのようにするのか」の講座のテキストとして採用した。百万人の教師に読まれてきた。

一九八四年、私は教育技術法則化運動を起ち上げた。以来三十星霜の年月に、大きな二つのうねりを作り出した。世界中百カ国から一億以上のアクセスがあるTOSSランドの発展と、「日本の教育技術方法大系」千冊以上発刊である。

学校現場に飛び込んでくる若い教師は、どのようにして日々の授業を展開するのか、子供たちが熱中するような授業づくりをどうすればよいのか、といった悩みに忙殺されていた。

若い教師は何から手を付けてよいのかわからない。若い教師が知りたいことは、次のようなことであった。

まず何をしたらよいのか。次にどうするのか。それをどのくらいすればよいのか。

その結果、どの程度の技量が身に付くのか。

自動車の運転技術を例にすると、よく分かる。

運転免許を取得するためには、テキストによる学習と実地の運転練習が必要である。決められた学習・練習内容を、きちんとステップをふんでいかなければならない。

このようなシステムを教育界に作り上げた。

本書ではどのようにすれば、「授業の腕を上げることができるのか」「何をどのように努力していけばよいのか」ということを、分かりやすくまとめてある。

若い教師には、このような具体的なスキルの上達論が必要である。全国の子供たちの底上げを図るには、多くの教師が優れた教育技術を共有すること、つまりスキルシェアリングが必要不可欠である。そのために法則化運動を創りだした。

法則化運動をとおして、具体的なスキルが法則化シリーズ本として第一二期まで一〇〇冊以上が発刊され、それは「日本教育技術方法大系」として結実した。その成果の上にインターネットを利用したＴＯＳＳランドを建設した。今、世界最大級の教育のポータルサイトになっている。その結果、スキルシェアリングがこれまで以上に、リアルタイムで達成できることになった。

このような状況の中でも、教育の不易流行は存在する。大切なのはいつの世にも通用する法則である。その最たるものが授業の腕を上げるための原則である。

本書に示された原則は、いかなる時代の教育にも必須のスキルである。

「新法則シリーズ」の巻頭言で、私は「授業は流転することを求める。授業は変化の中に存在する。教師の教授活動と児童の学習活動の往復運動こそが授業である」と主張した。

本書で提案しているいくつもの授業の原則こそが、往復運動を強靭につなげる役割を果たすものである。

内容については、旧版より三〇年の時代の変化も考慮し、削除や加筆など大幅な修正を加えた。言葉や表現なども旧版以上に検討を加え、分かりやすくした。本書を手にした多くの先生方にとって、価値ある一書になることを願う。

目次

第4章 新しい教育文化の創造 161

解説 199

第1章

授業の原則

「教育技術」という言葉がある。

「教育方法」という言葉もある。

「教育科学」という言葉もある。

教育をするには、技術や方法が必要であり技術や方法は科学的であることが求められる。

だが、現実の教育はこの逆である。

「技術」や「方法」もなく教育をしている教師が多く、また、たとえ「技術」や「方法」を使っている場合でも科学的でない場合が多い。

だから教師の中には授業が上手な人もいれば、授業がへたな人もいるということになる。

授業がうまい人は、授業の技術や法則を上手に使いこなしている。

何気ない一つ一つの「指示」「発問」の中にも、原則が貫かれている。原則に支えられた技術や法則を使いこなしている。

逆に、授業がへたな人の「指示」「発問」はゴテゴテしていて、原則から大きく外れている。教師が言えば言うほど子供の頭は混乱する。子供はざわつく。それを叱って静かにさせようとする。

授業の技量とは、技術や方法を使いこなせることなのであるが、技術や方法の比重は同じではない。

絶対守らなければならない技術や方法もあるし、小さな小さな技術や方法もある。

大切な技術や方法にはそれを貫いている考え方がある。

技術・方法は、それぞれの考え方に支えられている。

このような、いくつかの大切な技術や方法を貫いている考え方を原則とよんでみる。

もちろん「原則」は、それ自体が「技術」「方法」と考えられないこともない。どこまでが「原則」で、どこからが「技術・方法」なのか区別がしにくい。

いずれ、研究がすすめばはっきりしてくるだろうが、この本では「原則」と呼んでおく。

この「原則」はいくつもあるが、私なりの考えで最も重要なことを一〇ほど選んでみた。

この原則をまず理解していただくことが大切になる。

以下、「授業の原則一〇カ条」をかんたんに説明する。

1　第一条　趣意説明の原則

指示の意味を説明せよ。

子供に指示を与えることがしばしばある。「教室のごみを拾わせること」「道具を片付けさせること」「窓を開けさせること」、数え上げればきりがない。

このような時、指示の意味を説明することが大切なのである。「何だか分からないけど行動している」という状態ではなく、「こういう目的でこれをやっている」と理解して行動することが大切なのである。

自分の行為の意味を理解していてこそ、「考え」も「精神」も安定できるわけである。「何が何だか分からないけどやる」という状態は「考え」も「精神」も不安定であり、その状態に慣れると「何も考えなくても行動する」という不安定な状態をそのまま受け入れる人間になっていく。知性的な状態から、だんだん離れていく。

兵隊の教育がそうであった。

「管理が厳しい学校」「管理が厳しい教室」もそうである。日常的に「非知性的な教育」

がされている。

「知性的な集団」とは（学校でも職場でも）のびやかな自由さがあり、自分のやっていることを自分で納得している集団である。

毎日くり返されるささいなことだが、それだからこそ教育の根幹とも言える。

指示の意味を語らなくてはいけない。

そして、ここが大切なのだが、語り方は短い方がいい。

一〇分も二〇分も指示の意味を語ったら、聞いている方もだらけてきてしまう。

「教室をきれいにします。ごみを一〇個拾いなさい」

この程度でいい。

短く、スパッと言うのがいい。

こういう一言こそが、子供を育てていく。

「〇〇、キョロキョロするな！」などといつも大声で怒鳴っている教師がいる。大声で号令をかけている教師がいる。教室の中でも、怒鳴り散らしている人がいる。

これらは、最も非知性的な教育の代表である。

私は、こういうのは大嫌いである。

「号令」というのは、一方通行の指示である。ワンウェイなのである。

号令は、「発令者」が「受令者」に対して一方的に「任務」を与えるものである。

「なぜそうするのか」「どうしてそうなるのか」は、まるで語られない。とにかく「○○をせよ」という指示だけである。

これは、当然「受令者」の水準が低いということが前提にある。

これに対して「命令」というのがある。これは「趣意と任務」の両方を示すのである。「△△のために○○をせよ」という方法である。

将校に対して「号令」をかけることはない。「号令」は兵に対してするものだ。将校に対しては「命令」をするわけである。

これもワンウェイであるが、「号令」より高度である。

相手を一応は「知的存在」として認めているのである。

ところで、教室でされているのはどうであろうか。

「△△のために○○をしなさい」と語らせているだろうか。そのことを意識して言っているだろうか。

私はほとんどは「○○をしなさい」という号令のように思う。

教師は「子供の一人一人を大切にして」などという口あたりのいい言葉を使う。こういうスローガンをかかげる。

でも、大切なのは、お題目のようにスローガンを言うことではない。

「どのようにすることが子供の一人一人を大切にしてることになるのか」ということである。やっていることがどうかなのである。

「～をしなさい」という「号令」だけを与えている教師は、口でどんなうまいことを言っても「子供の一人一人を大切にしている」とは言いがたい。相手の人格を認めていないからである。

私たちは教育を語る時「理念」や「スローガン」で語ってはならない。一つ一つの具体的事実によってこそ語るべきである。

具体的事実で教育を語る時「にせもの」と「本物」がはっきりとしてくる。

さて、話をもどす。号令、命令の上に実はもう一段上のステップがある。

つまり「趣意」だけを示して「任務」を相手にまかせるのである。「△△のために」という意図だけを説明して、やり方は相手に考えさせ、まかせるのである。

これは、相手を尊重している最高の手段である。

たとえば、教室をきれいにすることでも次のような方法がある。

> 教室を見まわしてごらん。もう少しきれいにしたいね。自分がこうしたいと思うことをやってごらん。時間は五分間です。

このように指導できる人は、プロである。自分の今までの指導を振り返って、このようにやっているのなら、その人は並々ならぬ腕の人と思ってよい。

私は数人しか知らない。たとえば宇佐美寛氏に紹介された千葉の研究所の先生である。お手紙の中に「ごみを拾わせる」のを、私ならこうするとあった。

もちろん、このようにされている方は全国に多くいるだろうが、しかし、誰でもやっているということではない。

このように指導できれば、これが最高なのであるが、しかし、これは黒帯級の腕があってこそ、うまくできるのである。

以上、指示の方法をまとめよう。

1 やることだけを言う。（アマチュアの腕）

> 例　ごみを拾いなさい。

2 趣意とやることを言う。（黒帯の腕）

> 例　教室をきれいにします。ごみを拾いなさい。

3 趣意を言って、やることをまかせる。（プロの腕）

> 例　教室をきれいにしよう。自分でやりたいことをやってごらん。

本当は、拾うごみの個数、時間などが示されるのであるが、分かりやすくするために省略した。

例として、上等とは言えないが、私の言いたいことはお分かりいただけると思う。

2　第二条　一時一事の原則

> 一時に一事を指示せよ。

子供たちに指示を与える時の基本原則である。同じ時に、二つも三つもの指示を与えてはいけない。

朝礼時に「今週の目標」を示すことがある。たとえば、「晴れた日は外で遊ぼう」というような目標である。

これに、付け足しをすることがある。「チャイムが鳴ったらすぐに席に着こう」というような目標である。

田園調布地区で、全校児童に目標を与えた時の児童の反応を調査したことがある。

朝礼が終了して教室に帰った時「今週の目標は何か」と聞いた。

目標が一つの時は、八割を超える子供が覚えていた。

しかし、目標が二つになった時、二つの目標を言えた子は三割以下だった。

聞いた直後でこれである。これが一週間も経つと、「二つの目標」の場合は、ほとんどが忘れさられる。

もちろん、この種の訓練を重ねれば、よく覚えているようになるだろう。

しかし、今言いたいのはそのようなことではない。進学意欲の高い田園調布地区の子供たちでさえ、「二つの目標」を与えられると「覚えていられない」のである。

よく、同時にいくつもの指示を与えている人がいる。

「ノートに漢字の練習をしてね。終わったら先生の机に出して、本を読んでいるのよ。その前に自分のロッカーを整とんしてね。……」

気のはやい子が、ノートを出して漢字を書き出す。

すかさず、教師の叱声が飛ぶ。「自分のロッカーを整とんしてからと言ったでしょう。よく聞いてなさい」

これは教師がわるい。子供を叱るべきではない。思いつくままにダラダラと指示を与えた教師こそ責められるべきである。

この場合、全員にロッカーを整とんさせ、それを確かめてから次の指示を出すべきだったのだ。たくさん指示をするのならせめて、黒板に指示内容を順番に書いてやることぐらいは必要である。

「一時に一事を指示する」という原則は、教師の世界に伝えられてきたものだが、どうやら教師の世界だけのことではないらしい。

次のような言葉が伝わっているからである。

> 事を成しとげる秘訣は、一時に、ただ一事を成すにあり。
>
> リンカーン

> ナポレオンの天才の秘密は、一定時に、一定事件に向かって、注意力を集中する点にあった。
>
> ブーリエンヌ

一時一事の原則は、力を分散させず、一点に集中することで事を成し遂げるという闘いの原則にも共通する。

3　第三条　簡明の原則

指示・発問は短く限定して述べよ。


調布大塚小学校の同僚、西川満智子氏はしばしば私の教室に授業参観に来られた。優しくてあたたかくて、同僚、親、子供の誰からも好感を持たれていた。西川氏とは一年生、二年生と、同じ学年を担当した。

西川氏の授業を初めて拝見したのは、彼女が転任してきて初めての授業研究の時であった。

一年生の理科の授業である。流れがゆったりとしていて、知的で、明るくて、うまいものだと思った。

次に、体育の授業を拝見した。西川氏は二年生の担任だった。

体育の授業には自信があるらしかった。前任校は、体育の研究を熱心にやっていたからである。授業を見て私は、「これはいけない」と思った。ていねいで、明るい授業なのだが、授業がゴテゴテしているのである。

第一の理由は「指示」がくどいことであった。

私は「授業を参観して」という感想を渡したのだが、その中で、次のように書いた。

一　授業の流れがくどくて、理屈が多く、そのためぎくしゃくしています。

それは、次のことが原因です。

A　基本をきちんとおさえていこうという視点に欠けています（二年生なのに、どうして四段もの跳び箱を教えるのですか。二段で十分です）。

B　運動の種類が少なすぎます。

もっと多くの（一〇種類は超えるぐらいの）同系列の運動を、次から次へとたたみかけていくようにしなくてはいけません。

それぐらいのものを持っていなくてはいけません。

C　説明が長すぎます。短くしたつもりでしょうが、まだまだ長いです。私の一〇倍以上あります。三〇秒を超える説明はだめです。私は多分一〇秒以内です。

要は指示、説明を短くせよということであった。

それから五年。私は千葉大附属小の根本正雄氏と知り合う。

根本正雄氏は体育が専門である。教育技術法則化運動第一期論文募集では、お一人で一〇一本を応募されている。ダントツの応募数一位である。書きなぐりの論文ではない。どれもこれも、質の高い論文である。氏は、小学館『教育技術』誌の論文募集でも、最優秀賞に輝いたことがある。

これからの時代の、教育実践・研究の第一人者となっていかれる方である。

氏の論文の中に、「指示は短く言え。私の場合は一五秒以内である」という文があった。

私の場合は、前述のとおり「多分一〇秒以内」である。

この場合、秒数の多少のちがいは除いておこう。二人とも、一分も二分もかけて指示を与えてはいない。この点が大切なのである。

十数秒で済ませるには、輪郭がクッキリとした指示を与えなくてはならない。

もっとがんばって跳び箱の練習をしてみましょう。

などという指示では、全くだめなのである。何をどうするかがはっきりしないからである。

一人が三回跳んだら、先生の所に集まります。

このように、指示する内容が具体的になっていなくてはいけないのである。

そして、数年がすぎる。一九八五年一月、西川満智子氏は二年生の体育の研究授業をされた。講師は根本正雄氏である。

体育館で基本の運動、アスレチックをやったのだが、実に見事だった。

静かな指示を短く与えるだけで、子供たちはさっと動いていた。集合させる時も同じだった。

授業中一回も笛を吹かないし、タンバリンも鳴らさなかった。

「集まりなさい」と手まねきをして静かに言うと、子供たちはさっと集まってきて、しゃがんだ。西川氏も子供もしゃがむのである。

自然な流れであった。無理がどこにもないなめらかな動きであった。

この本で書いている原則を、数年で西川氏は身に付けられ、使いこなしていたのである。

「これだけの授業ができる方はめったにいません」。根本正雄氏の評であった。

4　第四条　全員の原則

指示は全員にせよ。

教師は学級という組織を基本として教育をする。

では、組織とは何か？　いろいろな考え方ができる。

たとえば、軍隊でいうならば「指揮・命令系統」と考えられる。しかし、現代の組織では、(企業・団体などで)「指揮・命令系統」の重点化だけで人間を動かすことはできない。人間は一人一人の自己主張があり、個性がある。この傾向は、さらにすすむであろう。

学校の中で、この「指揮・命令系統」が重視されるのは「非常災害時などの避難の場合」ぐらいである。

また、組織とは「責任」の所在を示すとも考えられる。上にいくに従って「責任」が重くなっていくのである。

教師の社会で若い人が(若くない人でも)、「責任は私が取ります」という発言をする時がある。しかし、これはおかしいのだ。責任の取りようがないのである。場合によっては審判を受け、罰せられるのは校長だからである。「責任を取ります」という言葉を「万一の時は深く反省します」という程度の意味で使っているらしい。無責任な態度である。

万一の時、校長が罰せられる以上、教師が「責任を取ります」というのは「辞表を出す」ということ以外にない。私はそう思っている。教育活動をしていて、自己の主張が通らぬ時がある。その時「責任を取りますから」と言って、あくまで主張するのは「辞表を懐に抱いて」こそできるのである。そのような覚悟と、学校教育の組織に対する理解をした上でこそ、本物の教育は創っていける。

組織とはこのように「責任の所在の明確化」とも考えられる。

さらにまた「情報の共有化」とも考えられる。組織の体をなしていれば情報は伝わり、その結果として、やるべきことがはっきりするのである。

その場合「全体に関係する情報は、全体に知らされなければならない」ということは、当然の原則である。教室では「情報の共有」がことのほか大切である。

ところが、これが意外とできていない。

以前私は、次のように述べたことがある。

（新卒教師が）希望に胸ふくらませて初めて教壇に立つ。子供たちは、静かにじっと先生の言うことを聞いている。とってもかわいらしく見える。

その日のうちにそばに寄ってくる子供たちが出てきて、あれこれ話しかけてくる。いろいろなことを教えてくれる。学校のこと、友人のこと、前の先生のこと、最近あった大事件のこと、次から次へと聞かせてくれる。

そういう子供たちを見ていると、教師としてやりたいことが次々とふくらんでくる。計画が次々にわいてくる。この活動的でピチピチした子供たちの意欲を伸ばしてやりたいと思う。自分自身が小学生の時に体験してきた、形式的でつまらない方法は避けようと思う。それだけはやってはいけないことだと思う。

可能性のある子供たちの力を信じて、その可能性を引き出してやることが教師の仕事であることを確信する。かくして、子供たちとの生活が始まる。生活が始まると小さなことで子供たちが聞きに来る。

「先生、窓を開けていいですか」

——ああいいよ——

「先生、外で遊んでもいいですか」

——ああ、行ってきなさい——

こんなささいなことをなぜ聞くのだろうかと思うほど子供たちは次々に聞きに来る。

「給食を食べ終わったら、片付けていいですか」

「体育の時間の準備体操は誰がするのですか」

「野菜を残していいですか」

次から次へと、際限なく子供たちは聞きに来る。

そして、たまに小さなトラブルが生じる。

「先生、前の先生は、全員が食べ終わるまで片付けてはいけませんでした」

そのころは新卒教師に対する子供たちの質問は数十にものぼっているから、先生の回答のくいちがいも生まれてくる。

ある子供には「野菜を残してよい」と答え、ある子供には「できるだけ食べてごらんなさい」と答えたような時である。

一方の子供は「先生は残してよいと言った」と主張し、一方の子供は「先生は食べなさいと言った」と主張するようなことが生じてくる。あまりにもささいなことを何度も聞きに来るので「自分で考えなさい」と突き放す時もある。それぞれの子供が考えたルールが、独立して歩き始める。教師の権威はかすかに落ち始める。

学級の出発に見られた静けさは、少しずつ失われていき、加速度的に騒々しさが教室を支配するようになってしまうのである。

この間、わずかに二カ月くらいの出来事である。


一見、めんどうなようでも、指示は必ず全員に伝えなければならない。この場合「全員に伝えたつもり」「私としてはみんなに言った」という程度ではいけない。

たとえば、読書の時間、急に大切な指示をすることになった。

「みんなこちらを向いて。大切なことを言いますからよく聞くのですよ」

と言って、指示をする。

ところが指示をした後、行動させると何人かの子が聞いていないということが起こる。

ほとんどの場合、教師はそれを子供の責任にする。

だが、これは教師がわるい。責任は教師にある。たとえば次の原則がある。

> 手に何か持っている状態で指示をしたのは、指示したうちに入らない。

子供は手に何かを持っていれば、それをいじりたがる。いや、大人だっていじりたがる。自然な現象だ。何十人もの子がいれば、何人かは必ず手いたずらをする。当然である。だから、作業の途中で指示する時は、手にしていたものを全員置かせて、自分の方に向かせるのである。

おへそを先生の方に向けなさい。

こうして、全員がこちらに集中したのを確認してから指示をするのである。ここまでやって「全員に指示した」と言える。全員に指示しないと、小さなところからボロボロとクラスは崩れていき、いつのまにか、大きく崩れてしまう。
指示をする場合のもう一つの原則を付け加えておく。

指示の追加はしてはならない。

ある指示を与える。うまくいかないことがある。そこで指示の追加をするのである。

ところが、指示の追加は中止よりもむずかしい。追加すると、いかなる整然とした集団でも混乱が生じる。追加したことによる、少々のプラスなどはふっ飛んでしまう。指示をした後でも、少々の傷ならがまんしてそのままにしておいた方がいい。一段落した後で修正すればいいからである。一度動き出した集団を、追加修正で変更させようなどということは、よほどのことがない限り（生命の危険にさらされるというようなことでない限り）してはならない。これは、軍隊であれ、労働運動であれ、学生運動であれ、スポーツであれ、共通の原則である。

教師は指示する時、指示によって生じる様々な事態を予知できなければならない。指示の追加をする人はアマチュアである。私はしたことがない。

さてもう一つ、次の原則がある。これもプロなら当然の原則である。

> 最後の行動まで示してから動かせ。

この原則によって一つの活動が終わった後、何をしたらよいか分からないという空白の時間を生じさせないために、最後まで何をすればよいのか、はっきりさせる。

5　第五条　所・時・物の原則

> 子供を活動させるためには、場所と時間と物を与えよ。

社会科の研究授業などで、次のような場面がある。

教師が模造紙に描いた資料を持ち出して「さあ、このグラフから何が言えますか」と子供たちに問う場面である。

今、問題にしたいのは、どのくらい「考える時間」を与えているのかということである。三〇秒くらいしか考える時間を与えない人がいる。中には、出してすぐ子供たちに言わせるという人もいる。これでは、子供は何も考えられない。そのため、教師が強引に誘導するような授業になってしまう。

『社会科教育』誌で発表された「向山行雄論文」によれば、三分はほしいということである。しかし、三分待つのはなかなか苦痛であるらしい（ところで、向山行雄とは私の弟である）。

資料を見せて、そこから考えられることをすべて書くのであれば、私は「五分待つ」のが原則であると思う（これについては「有田和正・向山洋一立ち合い授業」『授業研究』、一九八五年八月臨時増刊号でくわしく述べた)。

というように、資料を示し何か発言を求めるなら「資料を見る時間」「考える時間」を与えるのが当然である。この当然なことがなかなかできない。

また、子供たちに作業をさせるのであれば、作業をする場を作らなければならない。

机の配置がいつも同じなどというのではだめなのである。机を四つ合わせる、机を後ろに集め前に空間を作る、机を四方の壁面に寄せて中央に空間を作るというように、場所を作るのである。

教室での机の配置の基本パターンが「一斉授業用、給食用、学級会用」の三パターンしかないのでは、話にならない。授業をする時の基本パターンを、六種は使いこなし、一〇種ぐらいは準備しておくようにしたい。

子供たちに「集会」を準備させようとする。あるいは「新聞」を作らせようとする。

このような時も「相談する時間」「作業する時間」「必要な用具」などを、しっかり確保してやるべきである。そんなことをしないで「自分たちで工夫してやりなさい」というのは指導の放棄である。

相談の方法・内容にどこまで立ち入るかは、学年によってちがうだろう。しかし、「場所と時間と物」を確保するということは、教師が当然やっておくべき原則なのである。

私は、卒業直前の大パーティーをやった時は「学校にある用具はすべて使ってよい」と言ったこともある。当然前もって、了解を得ておいたわけである。

子供たちは、学校中をさがしまわり、「校長室の応接セット」などを教室に運び込んだ。「教育的価値がある」と判断できることなら、いろいろな「場所・時間・物」の確保のしかたがある。

社会科の授業に資料が不可欠なように、理科の教育では「もの」がなければならない。「もの」がない「理科の授業」は、理科の授業とは呼びがたい。

図工の時間にも、各種の道具、ガラクタなども用意したい。

絵を描かせるのにも、いつも同じ形の紙だけではなく、形を変えてみたい。私は細長い画用紙、三角の画用紙などを準備する時もある。

このように「場所と時間と物」を工夫して与えることが、一つの原則である。

6　第六条　細分化の原則

指導内容を細分化せよ。

およそいかなる職業でも同じだが、プロはアマチュアの見ないことを見ることができる。医師は「熱が三九度ある」という症状に対して、素人より多くの分析を加えることができる。

プロ野球の投手は、試合中に自分が投げた球の種別を一球ずつ説明することができる。

素人から見たら同じように見えることに対しても、くわしく細かく分析を加えることができる。これがプロの腕である。

「跳び箱」を跳ばせるという指導を考える時、それをいくつに細分化して考えられるかということで、プロとアマチュアは異なってくる。

アマチュアは通常、次のようにしか考えない。

「よく跳べる子は、高い段も跳べる」

当たり前のことだ。つまり、三段を跳べた子は四段を跳ばせ、四段を跳べた子は五段を跳ばせるというように、次々と高い段へ挑戦させる指導である。四年生に七段、八段を跳ばせて、それが指導だと思っている教師がいるわけである。これは素人の指導である。

プロ教師なら四年生に対して、四段程度で（せいぜい五段ぐらいを使って）どの子供も十分に満足する指導をすることができる（プロの演出家が、「おはようございます」という一つのセリフで、どの役者も納得させることができるのと同じである）。

そのためには「開脚跳びをする」という運動を、いくつもに細分化して見ることができなければならない。直截《ちょくせつ》に言えば「助走する」「跳ぶ」「着地する」の三つに分けられる。さらに「助走する」にしても「助走を始める前」「助走を始める瞬間」「助走を始めた直後」……というように細分化できる。さらにその時の「目線」「走り方」などと、分解することができる。このように、細かく分解してみることが第一に必要となる。

しかし、これだけではいけない。分解したそれぞれの「コマ」に対して「どうすればいいのか」という解釈を与えることが必要になる。たとえば、「踏み切りは、足の裏全体でドタンとするのではなく、はずみがつくようにしなければならない」というようなことである。

さて、この教師の解釈を、そのまま子供に言ってもうまくはいかない。

これをイメージ化して子供に伝えなければならない。子供の解釈力は、大人よりも低い。当然である。

また、文字を読んで理解するよりも、映像として音楽として受けとめた方がイメージしやすい。

そこで、たとえば、次のように指導する。

「踏み切りは、ドタンと跳ぶのではなく、トンと跳ぶのですよ」

だから「助走を気を付けなさい」というような言い方は、何も指導していないと同じなのである。このように、指導内容を細分化することが必要なのである。

つまり、「細分化して、解釈をし、イメージ化せよ」ということである。子供には文字として与えるより、映像・音楽として与えよということである。ただし、国語・算数などの指導では「イメージ化せよ」という部分が変わる。

「細分化して、解釈をして、発問を考えよ」

この場合も、解釈の裏返しを発問と考えている人がいるが、それはアマチュアである。

たとえば「電車の運転士さんはどんな仕事をしていますか」というような問いである。

これはアマチュアの発問だ。

「電車の運転士さんは笛を鳴らしますが、誰に聞かせているのですか」というように、焦点を絞って具体化することが必要となる。このような発問で、子供は深く考えるのである。

7　第七条　空白禁止の原則

たとえ一人の子供でも空白の時間を作るな。

子供を一人一人教卓に呼んで指導する時がある。指導されるとよく分かり、すぐに課題を終えてしまうことがある。終わったから、何をしようかと思うと、何もすることがない。

教師の方はというと、次々に押しよせる子供に個別指導をするので、てんてこまいである。

課題をやり終えた子供が次々と生まれてくる。

その子たちは、初めはチョロチョロといたずらを始める。やがて大胆になり、そのうち教室は騒然となる。

これは、当然ながら教師がわるい。

たとえ一分間でも「何をやっていいのか分からない」という状態を作ってはならない。先のことまで考えて手を打っておくべきなのである。

ベテランといわれる教師はここのところがしっかりしており、新卒の教師はここがだめだから「教室の静けさ」に差が出てくる。

もっとも、長年教職にあっても、先のことを読めないのであれば、それはもう、どうしようもないのであるが……。

さて、空白を作らないためには、指示の原則がある。

> まず全体に、大きな課題を与えよ。然《しか》る後に個別に指導せよ。

これを逆にしてはならない。

時々、全体に指示を与えないで、個別に指導している人がいる。これなど、最悪の部類である。

> 授業中の個別指導は「完全にさせる」ではなく「短く何回もさせる」ということを原則にせよ。

授業時間は何十名かの子供を指導している。どこで、どのようなことが生じるか分からない。一人の子供にずっと時間をとっているということは、全体の指導にとって大きくマイナスになることがある（プラスになることも当然ある）。

授業中の個別指導は「短く何回も」というような形でやって、「どんなことをしても完全に」というのは、特別の時間を作って指導する時にまわした方がいい。

ただし、極めて大切なポイントとして、他の子供たちにも波及効果がある時は、この限りではない。

終わった後の発展課題は必ず用意しておく。

練習問題をやらせていても、漢字を書かせていても、はやい子、おそい子がいる。

「はやく終わった子」に何をさせるのか、準備しておかなければならない。

一年生でたし算を教えている時に、私は「一から一〇までたしなさい」「二〇から三〇までたしなさい」というような問題を与えた。

こんなことでも、やっているとさらに発展する。「一から一〇〇までの数のうち、二、四、六……（偶数）をたすといくつになりますか」というのを解く子が生まれてきた。

楽しく、挑戦しがいのある問題を準備しておくのは、教師なら当然のたしなみであろう。

ついでに付け加える。全校児童を集めて話をする時、「三秒以上空白を作るべきではない」と私は思っている。

「児童集会」などで、司会の子が、教師の指示を受け、そのために一〇秒、二〇秒の空白が生じることがあるが、その分だけ全体は混乱していく。

私が新卒から七年間教師をしていた大森第四小学校で、「集会係」を担当したことがある。子供たちとよく討論したが、そのポイントは次のようなことであった。

「集会でうるさくなるのは、集会係がわるいからである。そのためには三秒以上の空白を作らない。そして楽しくなる計画を考える」

この子たちはよく白熱した討論をしていた。今でも思い出す情景である。

後にクラブの子とＮＨＫ将棋番組に出たことがある。その際に、「テレビでは四秒しゃべらないでいると間が抜けて見えるのです」と、ディレクターは語っていた。三秒、四秒がポイントである。

8 第八条 確認の原則

指導の途中で何度か達成率を確認せよ。

教師だったら、当然子供たちに何かを教える。しかし、教えっぱなしで終わっていいのではない。

どれくらいできるようになったのかという、達成状況を確認しなくてはならない。評価をしなくてはならない。

評価は別に新しいことではない。学問の制度が取り入れられたころ、つまり大化の改新のころから今でいう定期試験が決められていた。

明治五(一八七二)年、学制発布の後も定期試験が定められ、親も参加していた時期がある。今よりよほど厳しかった。

今でも、通知表を記入する時期になると、教師は評価をする。評価は誰のためにあるのかというと、主として教師のためにある。自分の指導のまずいところを自分で診断するわけである。これを取りちがえて「子供がわるい」「親がわるい」と居丈高に書いている教師がいる。こういう教師は「教師という仕事」を何と考えているのかと思う。

さて、教師ならこのように、学期ごとに評価をする。達成率を確認する。

しかし、ここで言っているのは、そのように大きなことではない。一時間の授業の中で、できるだけ達成率を確認せよと言っているのである。

教師の中には、言いっぱなしの授業をして、子供がチンプンカンプンなのに、どんどん授業をすすめてしまう人がいる。

こんなのは、授業とは言わない。

また、子供たちに「分かりましたね」と聞いて、確認したつもりになっている人がいる。

これも、確認したことにはならない。

「分かりましたね」と教師が聞けば、分からない少数の子供はまわりの子供につられて「はい」と言ってしまうからである。

「分かりましたね」と子供に聞く教師は、新卒程度の技術しかない人である。

私はこれまでの教師生活で「分かりましたね」と聞いたことは一度もない。「分かりましたね」という言葉を教師は発してはならないのである。

このようなことは、少し勉強をしている教師には常識なのである。私が見て「さすがだな」と思う人は、やはり誰一人「分かりましたね」などという言葉は発していない。
逆に「やはりな」と思う教師は、つまり教育書も読まず、自分の教育のまずさをいつも子供のせいにしている教師は、「分かりましたね」という言葉を、よく発している。
ここは、せめて次のように聞かねばならない。

分からない人いますか？

これとて、教室の空気によっては素直に「分からない」とは言いにくい。しかし「分かりましたね」と言うよりかは、ましである。
さて、教師は一時間の授業の中で、達成率を何度か確認しなければならない。

達成率を確認する方法は、いくつものささいな技術である。

たとえば、地図帳を開き、大阪市をさがさせるとする。
全員がさがせたかどうかを確認しなくてはならない。

「さがせた人は手を挙げなさい」というのも一つの方法である。しかし、これはわずらわしい。授業のリズムが崩れる。

「大阪市に人さし指を当てなさい」というのも一つの方法である。これは、全体の状況がつかめる。そしてまた、子供にとっても一つの行動をすることによって、集中が生まれる。もし、重要なことであって、本当にさがせたかどうか念をおしたいというのであれば、次のように付け加える。

「となりの人と比べてごらんなさい」

子供はとなりの机をのぞきこむ。お互いに確認できるわけである。

新出の漢字を教える。翌日になって、覚えているかどうか確かめるには、人さし指を空中に挙げさせ、書き順を「一、二、三、四」と言わせながら「空書き」させるのがいい。全体の動きとずれている動きをする子が覚えていない子である。

ハーモニカが吹けているかどうかは、教師から分かるように「ド」の所に赤い印を付けておけばいい。正しく吹けているかどうかを確認できる。

全員に音読をさせる時には、「全員起立。読み終わった人から腰掛けなさい」というようにさせるといい。

授業に集中が生まれ、全体の状況がすぐに確認できる。

机間指導も確認のための有力な方法である。しかし、机間指導をして、全体の状況をつかめるようになるには、少々訓練を必要とする。

子供たちの様子が映像として頭に残るような修業が必要なのである。アナウンサーが、放送内容について暗記するのと同じである。

一九八四年一二月一日、私は筑波大学附属小学校で、同校の著名な実践家有田和正氏と社会科の立ち合い授業をした。このことが雑誌に発表されると同時に、参観希望が全国から殺到した授業であった。研究者だけで二〇名近くの参観があった。

私は有田氏の次に授業をした。子供たちとはその日が初対面であった。

私は授業をしている時一〇名以上の子供を指名したが、すべて名前で呼んだ。「そこの眼鏡の子」などという言い方はしなかった。

「どうして覚えたのですか」「今日が初対面とは本当ですか」と参観者に質問された。

実は私の前の有田氏の授業が、映像として私の頭の中に残っていたため、子供たちの名前を覚えてしまっていたわけだ。さて、このように授業の途中でこまめにさりげなく達成率を確認することが大切である。しかし、これができるようになるには、「片々の技術」

をいっぱい持っていることが条件となる。

では「片々の技術」や「教育の技術」はどうしたら身に付くのか？　本を読み、研究をすることが必要となる。インターネットなどで多様な教育技術の情報を収集することが必要である。

そこで現在のベストな方法として紹介したいのが、『授業の新法則』(学芸みらい社)シリーズ全二八巻とＴＯＳＳランド・ＴＯＳＳメディア(東京教育技術研究所)である。

前者は二〇一五年版の新教科書に対応しており、なおかつ教育技術の集大成的な内容にもなっている。しかも写真や図解などで全巻がビジュアル化されており、たいへん分かりやすい構成となっている。新人教師からベテラン教師すべての教師に役立つことまちがいない。

後者は、私のこれまでの実践や優れた法則化の教育技術をコンテンツ化し、ポータルサイトとして集積したＴＯＳＳランドであり、瞬時に検索できる機能をもった電子書籍の情報誌が「ＴＯＳＳメディア」のことである。

どれもが明日の授業に役立つ教育の技術の宝庫となっている。

授業の腕を上げたいと志す教師にとっては、必須のツールである。

9　第九条　個別評定の原則

> 誰がよくて誰がわるいのかを評定せよ。

開脚跳びで全員を跳ばせる指導については、これまで何度も書いてきた。

また、指導を細分化することについても述べた。さて、指導の際に大切なのは一人一人を個別に評定してやることである。

私の場合は、二台を同時に使い、次々に跳ばせる。そして、一〇点満点などで、次々に評定するのである。

これをのんびりやると、授業のリズムが崩れてしまう。次々に跳ぶ子に対して、次々に評定する。

時には「ダメ」「もう少し」「よし合格」と言うこともある。

子供たちは、私の「よし合格」と聞くと、跳び上がって喜ぶ。卒業してからも「体育の時間に先生からよし合格と言われた時の嬉しさは、今でも忘れられない」と言われる。

さて、その基準が問題である。「どれがよくて、どれがわるいのかを分析して批評する」

ことができなくては、だめだからである。

「何となくよい」とか「元気があってよい」などの批評では子供が納得しないからである。「無駄な力が入っていなかった」「着地した時の姿勢が自然だった。足の指のしなやかな動きが見えるようだ」というように、具体的にポイントを示せなくてはならないからである。

「分析し批評する」とは「どこがなぜいいのか」を語る方法なのである。

しかしこうした力は、残念ながらすぐには身に付かない。「見る目がある人」に教わり、「すぐれた指導」をいっぱい見て、自分の目を養っていく他はない。

私もそうやって修業してきた。

さて、今回は、どのくらいの評定をするのか、別の角度で示してみる。

他のクラスに出かけて「跳び箱・マット」を指導する機会が何回かあった。

そんな時は、初めに採点をした。

この場合は、大体の子は一〇点満点で一点か二点である。クラスで一番体育の得意そうな子もまず一点、である。

「一点」と言うと、クラスの中に驚きの表情が走る。あの子だけは別だと思っていたからだ。

ところが一点なのである。

なぜ一点なのか？　それを教師は説明し、納得させなくてはならない。

「〇〇くんは、力が入りすぎていたでしょう。もっと力を抜いて跳んだ方がきれいに跳べるのです」

というようなことを話し、どれがきれいなのか、他の子に跳ばせてみせるのである。

だから、誰がきれいであったのかを判定して、覚えていなくてはならない。

さて、このように「一点、二点」を取った子が練習を始める。

そして細分化して指導を続けるうちに、段々点数が上がっていくのである。

といっても、なかなか、すぐには上がらない。合格が出るのは、授業の終わり近くである。

このような時、子供は、何度も何度も挑戦してくる。

このように、誰のどこがよくて、誰のどこがわるいかをはっきりさせるのは、運動会の練習であれ、よびかけの練習であれ、同じなのである。組み体操の指導なども「できなかった組」を個別に指導する場面を作るのでなければ、全体は完成しないのである。

よびかけ指導については拙書『子供を動かす法則と応用』にくわしく説明した。本書では、さわりの部分を再録する。

一〇〇名余の子供たちを指導するというのは、怒鳴り散らすことではない。一人一人に、何をしたらいいのかという方向を明示してやれることなのである。

卒業式の「よびかけ」を例にとろう。

昔ながらの「送辞」「答辞」は、小学校ではほとんど姿を消した。それに代わって、「よびかけ」が行われる。「よびかけ」だと、全員が参加できるからである。「よびかけ」は、たとえば、次のように始まる。

①　春、三月
②　私たちは、巣立ちます。
全　巣立ちます。
③　はるかに過ぎ去った
④　なつかしい日々が
⑤　次々と浮かびます。
…………

一〇〇名の卒業生がいれば、ソロのセリフは一〇〇は用意される。全員の卒業生が、何か一言言うからである。卒業式が近づくと、「よびかけ」の指導が行われる。「早すぎる」とか「もっと大きな声で」といった注意が与えられる。

私はこのよびかけの指導を何回か担当した。

読者諸兄姉の中にも指導された方がいるだろう。どのように何回指導したのか。

その結果は、どのようであったのか。

ぜひ思い出していただきたい。

「みなさんは、どのように指導されたのか?」

「みなさんは、どのように指導されるのか?」

できたら、ご自分の方法を、何かに書き留めていただきたいと思う。大丈夫、見ているのはあなたしかいない。

そして、私の指導方法と比較していただきたい。

ただスラスラと読んだだけでは、得るものは小さい。ここは、大切なところなので、ぜひ一度は立ち止まって、「自分ならこうやる」ということを、しっかり確定してから、次を読んでいただきたいと思う。

その方が、多くのことを得られる。

またその結果、「なんだ、なんだ、この程度か」と思えるのならなお結構。そういう人なら、きっと近い将来、教育論文を次々と生産されることだろう。そういう後輩が次々と生まれることを、私は待ち望んでいるのである。

私は、全体でおよそ三回指導すればよい。

もちろん各人が、セリフを覚えてきていることが前提である。

第一回目は次のように言う。

「この体育館でよびかけを言うのです。みんなが卒業するに際して誓いの言葉でもあります。きりりとはぎれよく言いましょう。

二つだけ注意します。

当日は四〇〇名もの人がいます。洋服に声が吸い取られます。洋服に負けないように、しっかりと言いなさい。

もう一つは、声が届くのに時間がかかります。

前の人の声が、体育館のはじまで届いたなと思ってから、次の人は言いなさい。二秒くらいは、かかります。

「それでは練習をしてみましょう」

こうやって、練習を始める。初めの五分間ほどは、何回かストップを入れる。よくなるまでやり直す。私が見本を見せる時もある。子供全体にどうやっていいのか見えてくる。

「一回、自分のセリフを言ってごらんなさい」

と、全員一度に言わせてみる。

ここらあたりまでは、どなたも、おやりになることだろう。だが、多くの場合は、このような調子がずっと続くのではないか。すると、練習は、ダラダラしてきて、自分の番でない子は、ふざけ始めるのである。それを怒鳴って静かにさせて、また同じようなことが続く。

この方法は、時間がかかる。

私は、五分ほどしたら、最後まで全員に言わせる。

「なんだ、なんだ、私と同じじゃないか」という方も多いだろう。

だが、その次が多分ちがうのだ。

普通は、次のような言い方をするのではないか。

「とってもよくできました。でも直したい所が三つあります。それを注意します。

一番目は、声が小さかったことです。これでは、体育館の全員に聞こえません。

二番目は、前の人が言った後の次の人の出方が早すぎたことです。

三番目は、感情がこもっていない人がいることです。

こういうところに注意してください」

私は、このような方法で指導をしない。

(もう一度うかがいます。あなたは、どうしていますか?)

私は次のように指導する。

「これから番号を言います。自分のセリフの番号を言われた人は起立しなさい。

一番、三番、五番、六番……九八番、九九番、一〇一番、一〇五番。

あなた方の声は聞き取れません。もっと大きな声で言いなさい。分かったらすわりなさい。

また番号を言います。言われたら立ちなさい。

二番、三番、七番、九番……。

あなた方のセリフの出方は早すぎるので、前の人の声とだぶっています。もっとおそく出なさい。分かったらすわりなさい。

また番号を言います。言われたら立ちなさい。九番、一二番、一五番、一六番……。

あなた方のセリフは、切れ目がありません。ひとことひとこと、区切るように言いなさい。

九番言ってごらんなさい。よし、合格。

一二番言ってごらんなさい。そうです。合格。

次に番号を言います。言われたら立ちなさい。四番、八番、一〇番……。（間をおく）

第一回目は合格です。大変上手でした」

最後に立ったグループは、跳び上がって喜ぶ。何を注意されるのかと思っていたのに、断定的にほめられたからである。

このように、誰がよくて誰がわるいのかを、はっきりさせてやることが教育で大切なのだ。しかも、どこがわるくて、どのようにすればいいのかをはっきりさせてやることが大切である。

ここまでで、私は一〇〇余名全員の指導をした。ここが大切なのだが、私がこれだけの指導をするのに要した時間は、三分程度だということだ。

もちろん、私は台本に印を付けておいた。第一回目の練習の時に子供たちのセリフを聞きながら、全員分の書き込みを終わらせていた。

そして個別評定の際に、番号をものすごいスピードで言っていく。三分程度で終わらすから、全員の中に緊張が漂っているのである。

三分程度で、全員に注意を与え、そして次のように言う。

「では、もう一度やります。スタート」

一回目とは、全くといっていいほど変化している。大げさに言えば、もう卒業式になっても大丈夫である。「自分一人のことを先生は聞いている」「注意された所を直さなくては」と、思っているからである。

ここまでが第一回の指導である。（以下省略）

10　第一〇条　激励の原則

> 常にはげまし続けよ。

昔から、人を動かす方法に「アメとムチ」という言葉がある。エサで動かし、オドシで動かしているわけである。

教育の場では、こんなことは、できる限り避けたい。教育の場で「子供を動かす」とは、動くことにおいて教育することをねらいとしているからである。

エサで動き、オドシで動くようなところに、「成長」は（あまり）期待できない。

教室に「忘れ物一覧表」などが貼ってあることがある。

子供の名前がズラーッと並んでいて、バツがついているわけである。

見せしめのために貼り出しているわけだ。

保護者会などの時に、貼り出す教師もいる。

「お宅のお子さんはこのようにだめなのです」と言いたいのであろう。確かに親は恐縮するであろうが、そして一度や二度は子供に注意をするであろうが、こんな方法をよいと思っているわけではない。

心ある教師なら、まずこんなことはしないからだ。

今までに私が出会った私が尊敬する教師たちは、こんなやりかたを誰もしなかった。私もやったことはない。

教室における「ムチ」の代表であるこんなことは、すぐにやめたい。もっと人間的でよい方法を考え出すべきなのである。それが私たちの仕事なのだ。

さて、逆に、子供が何かをやってくるとシールなどを与えている教師がいる。

たとえば、課題ができた子に一枚のきれいなシールを与え、結果として全員に与える。シールをもらったことが、やったことの確認になっているという方法ならあり得よう。

だが、競争でシール取りをさせている教師がいる。中には、一〇枚たまったら金賞を与えるなどというのもあるらしい。

最低の教育である。

子供を「もの」でつっているからだ。

確かに子供は一時的にはよく活動する。張り切って取り組む、一部の親も喜ぶ。

しかし、シール獲得が目標だから、「やればいい」ということになる。内容的にどうでもよく、量をかせぐということになる。

「教育」とはほど遠い、形式的行為のくり返しが行われるのである。

「もの」を目あてに競争してきた子は、「もの」がなくなると今までの反動で、以前にもまして何もしなくなる。

このようにして、知的好奇心が摩滅していく。

「シールをとる競争をさせる」などという方法は、子供の知的好奇心を減退させ、単純な「形式的くり返し行為」を身に付けさせてしまう。

反教育的な最低の方法なのである。

いかに知的好奇心が減退するかについては、ベストセラー『知的好奇心』（波多野誼余夫・稲垣佳世子著、中公新書）を読まれるといい。

「人間が動く」方法は、「やる気にさせる」のが一番いい。それしか、方法がないと言ってもいいくらいである。

教育の最も根本的な目標をただ一つだけ言えと問われたら「人間の生きていく気力を育てることである」と言える。

「生きていく気力」があって次に「生きていく技、つまり学問など」を身に付けさせるのである。

「やる気にさせる」時に、最も大切なことは「はげます」ことである。「はげまし続ける」ことである。

体育が苦手な子供がいる。音楽が苦手な子供がいる。人間だから、いろいろと欠点がある。できないことがある。

「あんた、これができなくてだめねえ」と言うくらいなら、誰でもできる。子供でもできる（これが、いじめの基本である）。

しかし、これは教師のすべきことではない。教師がやってはいけないことなのだ。

医師と比較するとよい。

「あなた、これはだめですよ」と、医師に言われ続けたらどうなるだろう。一つ一つわるいところを「だめだ、だめだ」としか言われなかったら、どうなるだろう。

どんなに強気の人間だって、うちひしがれてしまうだろう。

反対に「ここがわるいけど大丈夫。こうしていけば治ります。がんばりましょう」とはげまされたとしたら、病気にうち勝つ気力をふるい立たせることができる。

「あなただめです」とは、医師は決して言ってはならないのと同様、教師は「あなただめです」と言ってはならない。それは教師としての倫理に反する重大な犯罪行為である。

わるいことはわるいこととして見つめてよい。また語ってよい時もある。しかし、それを克服すべき方法を示し、はげまし続けるべきなのだ。それが教師の仕事である。

「はげまし」とは、教師が子供と共に、一緒に欠点を克服していこうとする連帯の証しなのである。

もちろん、欠点を克服する技術を身に付けなくてはならない。どうやって技術を身に付けるか、それはこの本の中で既に述べてきた。それと共に「克服していくはげまし」を絶えず続けるべきなのである。

もう一度言う。子供が持っている欠点を克服するよう絶えずはげまし続けること、「大丈夫だよ、がんばってみよう」「この前よりよくなったよ」と言い続けること、それは教師の仕事の原則なのである。

第2章

教師の技量

教師の技量は様々である。

体育が得意な教師もいれば、国語が得意な教師もいる。

子供と遊ぶのが好きな教師がいれば、「子供は子供同士で遊ぶのがよいのだ」と、職員室でお茶を飲む人もいる。

教師も人間である以上、それぞれの個性がある。当然である。

しかしそれぞれが個性的であると見ているだけでは、教師の技量は語れない。

それぞれが個性的である教師の、教師としての資質・技量はどうなのかをはっきりとさせる作業が必要となる。

そこで子供に好かれる教師、子供が教わりたい教師、プロの教師、アマチュアの教師など、教師としての技量がはっきりとするような形で、教師を分析してみることにする。

1　子供に好かれる教師

子供に好かれる教師がいる。どんなクラスを担任しても、すぐ子供たちの人気者になってしまう。

子供に好かれる教師は、次のような共通点がある。

明るく、優しく、公平であって、知性的である（そして若々しい）。

これは別に教師だけのことに限らない。

どんな社会だって、「明るく、優しく、公平であって、知性的な人間」は、好感を持たれる。

ただし、大人社会は、それぞれの人なりに好みが多様であるから「暗い人が好き」「あの人の翳《かげ》のあるようなところが何とも言えない」ということもある。

二枚目の俳優より脇役の方がいいという人もある。

が、子供社会ではこんなことはまずありえない。

子供はやはりルフィやコナンが好きなのであり、「正義の人」（主人公）が好きなのである。

個性的なキャラクターも人気があるが、それでもやはり「明るく、優しく、公平である」という共通性は持っている。

子供に会った時、「おはよう」と元気に声をかけられる教師は明るい人である。叱る時にも、短くぱっと叱ってくれる教師は明るい人である。

失敗した時、三分も五分も、時には一〇分も二〇分もネチネチと叱る人は暗い人である。

子供のよいところを見付けてすぐほめてくれる教師は明るい人であるが、わるいところを見付けてすぐ叱る教師は暗い人である。

「ガラスを割ってしまいました」と言った時、「ケガをしなかった?」とまず子供の身を心配するのは優しい教師であるが、「まあ、ダメじゃないの」と、まず叱るのは優しさに欠ける教師である。

二、三日病気で休んだ時、電話をしてくれるのは優しい教師であるが、体調のわるい時でも無理矢理給食を食べさせるのは優しさに欠けた教師である。

毎日、声を交わすように気を遣ってくれるのは優しい教師だが、忘れ物をした時叱ってばかりいるのは優しさに欠けた教師である。

跳び箱が跳べなかった時、泳げなかった時、「大丈夫だよ、そのうちきっとできるよ」と、いつもいつもはげましてくれるのは、優しい教師である。

用事をたのむ時、順番にやらせてくれるのは公平な教師だが、いつも勉強のできる子ばかりに用事をたのむのは公平さに欠ける教師である。

勉強のできない子でも、学芸会の主役になれるよう配慮するのは公平な教師だが、いつも勉強のできる子、しっかりした子しか主役になれないようなのは、公平な教師とは言えない。

どの子も計算ができるように、どの子も漢字を覚えるように教えてくれるのは、公平な教師だが、「どうせだめなんだ」と見すてるようなのは公平な教師とは言えない。

汚い洋服で、鼻汁をたらしたような子供をいつも膝の上に乗せているのは公平な教師だが、授業の時いつも同じ子しか発表しない教室の教師は、公平とは言えないだろう。

子供たちに本を読んでやったり、旅の話をしたり、コンピューターの未来を語ったりしてくれる教師は知性的だけど、毎月五千円程度の本代も使わないような教師は、知性的とは言いがたい。

分からなければすぐ辞書をひく教師、教室には何種類もの辞書があるという教師は知性的だけど、子供の前で辞書さえ引いたことがないという教師は、知性的とは言いかねる。

主語・述語のはっきりとした文章を書ける教師は知性的だが、通知表の文章さえまともに書けないのであれば知性的とは言えない。

明るく、優しく、公平であって、知性的な教師なら、私はそれだけでもいいと思う。

それだけで、立派な教師である。

きっと、子供の持つすばらしい可能性を伸ばしていくことであろう。

子供たちも教師のまわりにいつも群がっているだろう。

「教育技術」が多少未熟だって、他の面のよさが、未熟さをカバーしてくれる。

これだけで立派である。特に若いうちは……。

しかし、人間はやがて年をとっていく。悲しいことに若い教師のこうした特権はだんだんとなくなっていく。

2　子供が教わりたい教師

教師は「教育のプロ」である。

子供を「教え育てる」ことを専門とする職業である。

だから当然、「教え育てることのできる技術・方法を持っている」ということが条件となる。

医師と比較してみるといいだろう。

私たちは、どんな医師をよいと思うだろうか。「明るく、優しく、公平であって、知性的である」医師は好ましいにちがいない。特に、人間と人間としてつきあう場合なら、これだけでいい。

しかし、私たちが患者として医師と付き合うとする。

「三日間、高熱が続いているのです」と言った時、医師が「それは、つらいでしょうね」という優しさを示してくれるだけで満足するだろうか。一般的な病気に「原因は分かりません。治療方法も分かりません。でも、とにかく一生懸命やってみます」という医師に命を預けるだろうか。

むろん、その病気が難病であって、本当に治療方法が分からないのならしかたがない。

しかし、医師としての「技術・方法」からすれば「分かるはずである、治療方法はある」という場合に、「よく分かりませんがとにかくやってみます」と言う医師に命を預けることはない。

つまり、医師は「医療活動をする技術なり方法なりを持っている」ことにおいて専門職なのであり、「技術・方法」を駆使して、患者の病気と闘ってくれるのである(この原稿を書いた直後、中堅医師の医療技術習得を義務付けるとの新聞記事が出た)。

教師も同じである。

教師も、「そういう場合はこのような方法があります」という「教育の技術なり方法なりを持っている」ことにおいて、専門職なのである。

ところが、「技術なり方法なりを持たないで」「とにかくやってみます。一生懸命やってみます」と言っている教師がいる。情けないことに、そうした心構えがあれば教師として立派であると思い込んでいる風潮が一部にある。

どんな職業の人でも、その仕事の技術なり方法なりを持っている。

大工さんは家を建てる技術・方法を持っており、自動車学校の教官は、運転技術を身に付けさせる技術なり方法なりを持っている。

なぜ、学校の教師だけが「とにかくやってみます」という程度のことで、許されるのか？　なぜ教育の技術なり方法なりを持っていないで、子供を教育するという大それたことをやっていられるのか？

私は不思議である。

きっと、このようなおかしな状態は、近い将来批判されるにちがいない。

子供は、「明るく、優しく、公平であって、知性的である」先生に習いたいと思っている。しかし、本当に、習いたいと思う先生となるとちょっとちがってくる。

「子供の求める教師像」（「モノグラフ　小学生ナウ」vol.3-9、三九ページ、図一九、福武書店〈現ベネッセ〉）という調査報告を紹介しよう。

この報告書のチーフは、深谷昌志氏である。教育社会学の第一人者の報告であるから、それなりに信頼できる調査と言えよう。

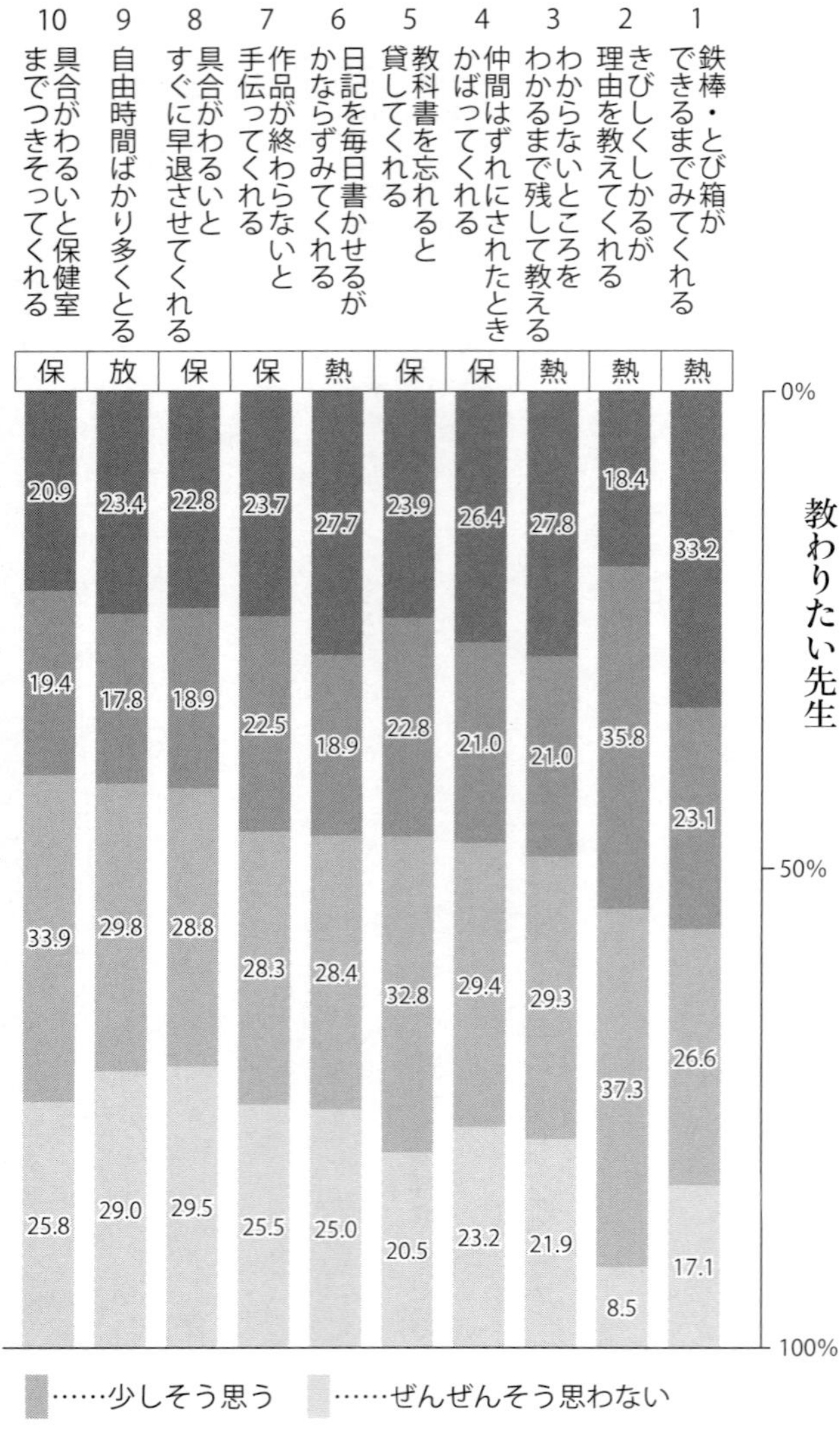
教わりたい先生
1 鉄棒・とび箱ができるまでみてくれる
2 きびしくしかるが理由を教えてくれる
3 わからないところをわかるまで残して教える
4 仲間はずれにされたときかばってくれる
5 教科書を忘れると貸してくれる
6 日記を毎日書かせるがかならずみてくれる
7 作品が終わらないと手伝ってくれる
8 具合がわるいとすぐに早退させてくれる
9 自由時間ばかり多くとる
10 具合がわるいと保健室までつきそってくれる
熱
熱
熱
保
保
熱
保
保
放
保
0%
50%
100%
33.2 23.1 26.6 17.1
18.4 35.8 37.3 8.5
27.8 21.0 29.3 21.9
26.4 21.0 29.4 23.2
23.9 22.8 32.8 20.5
27.7 18.9 28.4 25.0
23.7 22.5 28.3 25.5
22.8 18.9 28.8 29.5
23.4 17.8 29.8 29.0
20.9 19.4 33.9 25.8
……少しそう思う
……ぜんぜんそう思わない

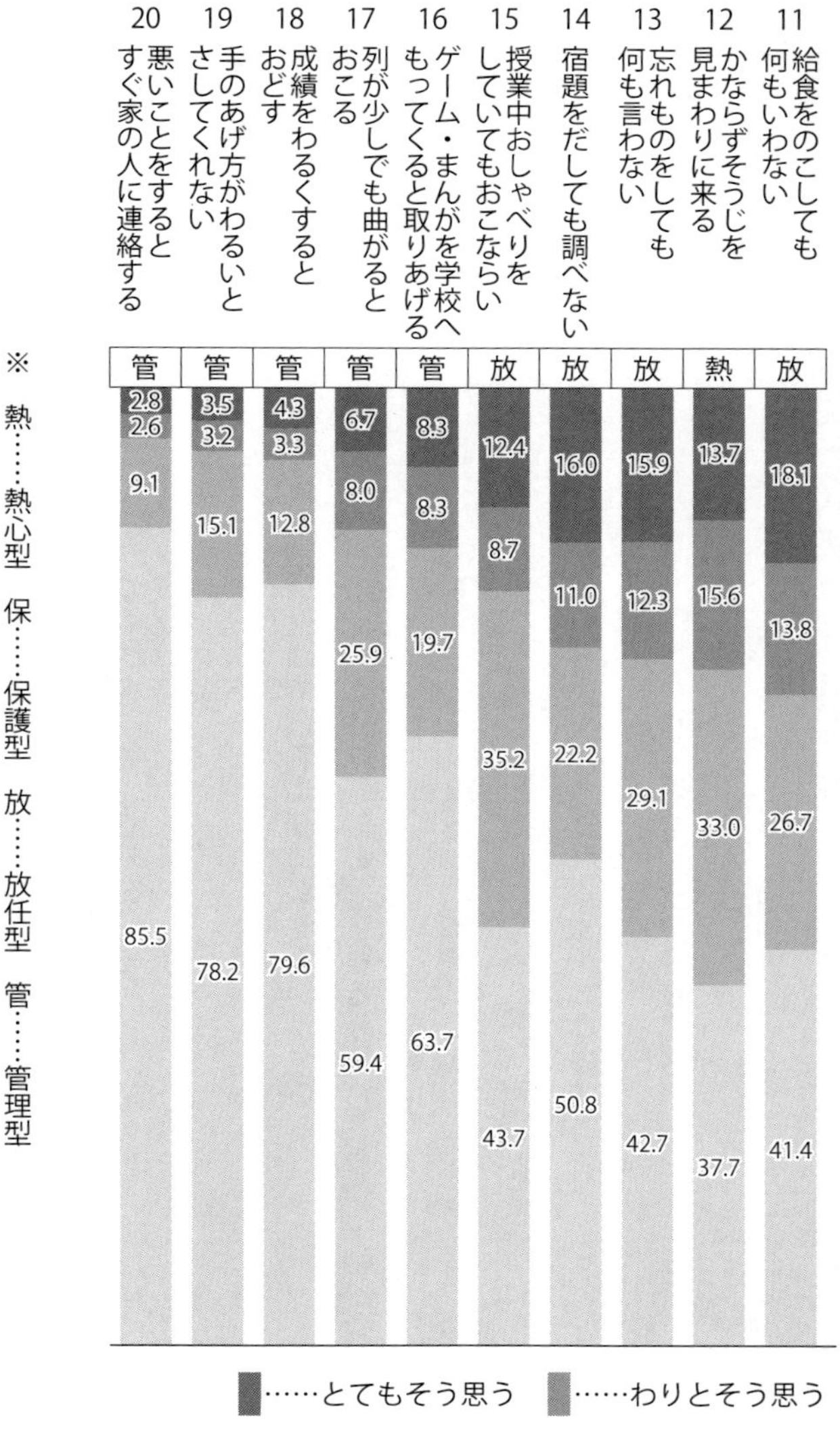
11 給食をのこしても何もいわない
12 かならずそうじを見まわりに来る
13 忘れものをしても何も言わない
14 宿題をだしても調べない
15 授業中おしゃべりをしていてもおこならい
16 ゲーム・まんがを学校へもってくると取りあげる
17 列が少しでも曲がるとおこる
18 成績をわるくするとおどす
19 手のあげ方がわるいとさしてくれない
20 悪いことをするとすぐ家の人に連絡する
放 熱 放 放 放 管 管 管 管 管
18.1 13.8 26.7 41.4
13.7 15.6 33.0 37.7
15.9 12.3 29.1 42.7
16.0 11.0 22.2 50.8
12.4 8.7 35.2 43.7
8.3 8.3 19.7 63.7
6.7 8.0 25.9 59.4
4.3 3.3 12.8 79.6
3.5 3.2 15.1 78.2
2.8 2.6 9.1 85.5
※ 熱……熱心型 保……保護型 放……放任型 管……管理型
……とてもそう思う ……わりとそう思う

教わりたい先生の第一位は
「鉄棒・とび箱ができるまでみてくれる先生」である。

これが、他の一九のタイプを抜いて第一位である。

子供はかしこくなりたがっている。子供はできるようになりたがっている。

伸びようとする子供の可能性を、しっかりと伸ばしてあげられる教師、これが子供が教わりたい教師の第一位なのである。

「仲間はずれにされたときかばってくれる先生」「わかるまで熱心に教えてくれる先生」「毎日、日記に赤ペンを入れてくれる先生」「きびしい先生」そういう先生もいい先生だ。

だけど、第一位は「鉄棒・とび箱ができるまでみてくれる先生」なのである。

ところで、読者諸賢は「跳び箱を全員跳ばせる」ことができるだろうか。

私は、全員を跳ばせることができる。

若い先生方が熱心に教えて、どうしても跳べなかった子を私が教えて跳ばせたこともある。

指導した時間は、二分か三分である。

波多野ファミリスクールの跳び箱教室で教えたこともある。跳び箱が跳べない子五〇名ほどを募集して教えたのである。第一日目で全員を跳ばせてしまった。東京都の各地から集まった跳べない子を全員跳ばせたのである。

どうして私は跳ばせられるのか。それは、私が跳ばせる技術・方法を持っているからである。

この技術を「向山式指導法」という。この技術誕生をめぐる様々なドラマは、拙著『跳び箱は誰でも跳ばせられる』（明治図書出版）にくわしい。

向山式指導法は、誰でも使える。

全国で、何千名の教師に実践された方法である。指導効果は極めて顕著であり、初めて追試した時でも、技術が未熟であろうとも、八〇パーセント以上の子供に効果があり、二度目にはほぼ一〇〇パーセントの効果が出る。

以下に、跳び箱を跳ばせる指導法を紹介する。

(1)「跳び箱」を跳ばせる原理

跳ばせ方を身に付けるためには、跳べない原因を、事前に知っておくことが必要になる。

跳び箱が跳べないのは、腕を支点とした体重の移動ができないためである。子供にとって、腕を支点とした体重の移動は、かんたんなことではない。それは未知の感覚なのである。

自転車に乗れない子が、乗っている感覚が分からないのと似ている。泳げない子が、水に浮く感覚が分からないのと似ている。

自転車に乗れない子には、自転車の荷台をつかまえてやって、走らせる練習をする。そうすると、やがて、自転車に乗る時の感覚をつかまえていく。

跳び箱を跳べない子に対しても同じである。腕を支点とした、体重移動を体感させればよいのだ。体重移動さえ体感すれば、すぐに跳べるようになる。

ところが、見当はずれの指導をしている教師がたくさんいるのだ。

跳び箱の跳べない子には、ほとんど同じパターンが見られる。跳び箱の上にぺたっとまたがってしまうことである。手を突っ張ってしまって、自分の身体をそれより前に出そうとしないことが原因だ。

それを見て、「跳べないのは、気力に問題があるからだ」と考える教師がいっぱいいる。

私も昔はそうだった。

まず、教師は恐怖感を取りのぞいてやろうと苦心する。
「先生がいるから大丈夫だよ」「もう少し勇気を出してみよう」などと言って励ます。しかしさっぱりだめなのだ。

べつの恐怖感を与えて、跳び箱の恐怖感をなくそうとする人もいる。「跳べないとけっとばすぞ」などとおどかすのである。私も新卒の時にやったことがあるが、こうやってもやっぱりだめな時が多い。

それは「けっとばされる恐怖」よりも、「体重移動の恐怖」の方が強いからだ。なんといってもそれは、未知の体験への恐怖なのだから、おそろしさは計りしれない。

また、「助走をもっと元気よく」「ふみきりを思いきって」「手を前に着いて」と、声をかける教師もいる。子供は元気よく走ってくるが、手を着くともうダメで、跳び箱の上にぺたっと馬のりになってしまうのである。

「ふみきりで止まっちゃうからいけないんだ」と言う教師もいる。そのとおりなのだ。それは子供だって分かっている。分かっているけど、止まってしまうのである。

教師は、一応のことは（その場で思いつく程度のことは）やってみるのだが、やっぱりだめなので、あきらめる。

「そのうち、跳べるようになるよ。今度がんばろう」と声をかける教師は上等な方で、「これだけやったのに」というような顔をして「運動神経がにぶいんだ」と言いたいような表情で打ち切る場合が多い。

こういう時、「自分がわるいんだ」と思った教師は、今までにあまりいないと思える。「自分がわるいんだ」と思う教師なら、そしてその思い方が真実なら、跳び箱を跳ばせる技術は自分で発見したはずだ。たとえ発見できなくても、全員を跳ばせられる人に教えを乞うたはずだからだ。

そういう人が多くいたのなら、当然のことながら、「跳び箱を跳ばせられる」ことは、教師の世界の常識になっていたはずである。

(2) 跳ばせる技術

跳び箱を跳ばせるためには、腕を支点とした体重移動を体感させればいい。跳び箱を跳ばせられるかどうかは、このことにつきるといっても過言ではない。

私は、体重移動の方法を、次の二つの方法で行う(以下、本書では、Aの方法、Bの方法とする)。

Ａ　図のように、跳び箱をまたいですわらせる。そして、腕をついて跳びおりさせまる。縁側に腰掛けるみたいに、跳び箱のはじに腰掛けさせてやらせることもある。

Ａの方法

Ｂの方法

両脚のあいだに入れた両腕で身体を持ち上げさせ「跳び箱を跳ぶというのは、このように両腕で体重を支えることなんだよ」と、説明する。そして、「体重のかかり方が、かわるだろう」といってゆっくり跳びおりさせる。

ふつう五、六回やらせる。

B　次に、教師は跳び箱の横に立つ。

図のように、走ってくる子の腕を片手でつかみ、おしりを片手で支えて跳ばせる。体重の重い子は、片手だけでは支えられないから、そういう時は跳び箱の両側に二人の教師が立って両方からおしりを支えてもよい。

練習しているうちに、手にかかる体重が軽く感じてくる。練習を開始した時とは明らかな差を感じる。「もう大丈夫だな」と思ってから、二回ぐらいよけいに跳ばせる。そして、手で支えるふりをしながら、突然手をひっこめてしまう（私の場合はここまで通例、七、八回である）。

これで、ほとんどの子は跳べるようになる。跳べたらもう一度すぐにやらせる。ふつうのクラスなら、子供たちの拍手が起こるはずだ。跳べた子を胴上げしたというクラスもあるほどだ。

Ａ、Ｂの方法でやれば、ほとんどの子は跳べるようになる。私の経験からすると九五パーセントを超える。

しかし、これでも跳べない子はいる。どうしたらいいのかは、これからの課題である。これは私一人の課題ということではない。教師全体の共通の課題だと思う。多くの教師の手によって、「跳び箱を跳ばせる」原理をはっきりとさせていけばいい。

私の今までの実践研究をとおして言えることを述べてみる。

Ａができない子は跳べない。つまり、両腕で自分の体重を支えられない子は跳べないのだ。技術をいくら教えても無理だ。筋力の発達を促すことを心がけてやることが必要である。

しかし、実際は相当の肥満児でも、Ａの方法でやると自分の体重は支えられる。私は、肥満のために自分の体重を支えられないという子に出会ったことはまだない（ローレル指数二〇〇近い子でも跳べた）。

反対に、虚弱なために体重が支えられなかったという子の例が一例あった。その子の手足は針金みたいに細かったのである。

その子は、発作の病気のある子で、リズム、音程などもほとんど取れなかった。なわとびは全くできなかった。たんに両足で跳ねることさえできなかった。当然、うさぎ跳びもできなかった。

私はその子と一緒になって、何度も何度も助走だけくり返してみた。手をつないで走って、足をトンとそろえることをくり返したのである。しかし助走ができるようになった時、その子は跳べた。もちろん、ここまでに長い時間がかかった。

女の子で、鉄棒にぶら下がることや、平均台を歩くことを怖がってできない子もいた。身体を動かすことに極度に恐怖を感じているのだ。その子も跳び箱は跳べなかった。部屋にとじこもりがちな子を連れ出し、鉄棒にぶら下がったり、平均台を歩いたりすることができるようになってから、跳び箱もできるようになった。

私はこの他にも、自分が馬になって跳ばせたこともあるし、自分の胸に跳びこませたこともある。もっといろいろな場合があると思う。いろいろな子供たちがいると思う。

多くの教師が努力して、知恵を出し合って「跳び箱の跳ばせ方」を完成させていけばよい。すぐれた教育実践の創造は、一人の教師や一つの研究団体だけでできるものではない。それは、数知れぬ教師の、努力の歴史的総和として結実するのである。私たちが解決できない課題は、次の世代の教師たちが解決していってくれるはずだ。すぐれた実践を創るという課題は、幾世代にもわたってひきつがれていく教師全体の課題である。

「明るく、優しく、公平で、知性的」であればそれで十分だと初めに私は書いた。

しかし子供たちは、「鉄棒や跳び箱ができるようになるまで教えてくれる先生」に習いたいと願っている。

「明るく、優しく、公平で、知性的」な教師には、誰でもなれるわけではない。教師も人間だから当然個性がある。個性はすぐに変わりはしない。

しかし、「鉄棒や跳び箱をできるように教える」ことは誰でもできる。

どんな教師でも可能である。

「鉄棒や跳び箱をできるようにさせる技術なり方法なり」を学べばよいのだ。学ぶ意志のある教師なら、誰にでもできるからである。

もちろん「鉄棒・跳び箱」は一つの例示である。社会科でも、国語科でも同じようなことが言える。

そのことを明らかにするのが本書のねらいである。

3　技術に目ざめる教師

向山式跳び箱指導法という「教育の技術」を知ることで、技術に目ざめた教師は多くいる。

「今まで跳べなかった子を跳ばせられた」という事実が教師を変える。

このように「できないことをできるようにしてやることこそ教師の仕事なのだ」と、事実を通して理解する。

私は毎週のように、全国各地から便りをいただく。

その中には、いろいろなことが書かれている。

「今まで、私がやってきた研究とは何だったのか?」という悩みが共通して語られている。

「向山先生の本を読んで衝撃の連続だった」という声も共通している。

「『跳び箱』『漢字ビンゴ』をやると、本当に子供が夢中になるのです」という便りも多かった。

教育技術の法則化運動への期待も共通していた。もう誰も止めることはできない、一つの時代のうねりを私は感じた。

さて、この原稿を書いているころに届いた、三人の「跳び箱」の実践報告を紹介しよう。

何も特別な報告ではない。当時、私の手元に届いた最も新しい分を、たまたま紹介するのである。
この三人の報告によって、教師にとって技術の大切さがより理解できると思う。

静岡県城内小学校　柴田克美

他のクラスの二四名を三〇分で跳ばせた時の様子を書いてみる。

①どうしてやってみようとしたのか

言うまでもなく向山先生の著書を読んだからで、自分のクラスでまずやってみた。跳べない子を全員跳ばすことができたので、「これはすごい！」などと自分で感心しながら学年に広めようと思った。

②やる前の不安・最中の様子

なにせ学年の跳べない子だけの集まりなので非常に不安があった。一体自分にできるのだろうか。私は小学校の体育の成績は「2」だった。

昼休みに子供たちを体育館に集め、学年の先生(二名)に見ていてもらった。一組四名、二組二〇名である。

とび箱を一台出した。まず全員にAを四回ずつやらせた。次から次へ後ろについて跳ばせた。次にBを二回。半分の子が跳べた。もう一度Aを二回やった。そしてBを二回。今度は八名が跳べた。あと四名である。その中の一人K君は、いわゆる肥満児である。手にかかるおしりの感触がとても重い。無理かな、と思った。あとの三人は、Bをさらに三回やって跳べた。あとK君だけ。もう一度Aを、ゆっくり五回やった。Bを三回。手にかかる体重が軽くなっていくのが分かった。ついに四回目、ほとんど手にさわらなくなったので、一人で跳ばせてみた。跳べた。その時のK君の顔が忘れられない。

滋賀県金勝小学校　猪飼富美子

教師になって二年目のころ、同じ学校のある先生から、向山先生の著書『斎藤喜博を追って』を貸してもらい、「プ、ロ、の教師」という言葉をはじめて知りました。驚きました。教師というのは専門職であると新任のころに教えられたのですが、実際には何の事を言っているのかあまり分からなかったのです。それはプロとしての技術であり、もっと具体的なものであることを私はその本より学びました。三年目になって、『授業の腕をみがく』を読みました。六一ページからの「教師の腕(芸)は何に支えられるか」の章の所で、教師なら子供を変えていく技術を持っているべきであるという事を、つくづく思い知らされました。実践が一番物を言うのだと思いました（これまで様々な講師から話を聞いてきたのですが、心がけだとか心づもりの様な事ばかりで頭の上をそよそよと流れていってしまいました。具体的、実践的ではなかったのです）。跳び箱の授業をやってみようと思ったのは、こういった事からです。私にもできるはずだと決心しました。

以下、その時の模様をお話しします。

昨年の一一月三〇日の第三校時。全員を一度やらせてみて、跳べる子と跳べない子に分けました。跳べない子は八人いました。はずかしそうな顔、やりきれない顔をしていました。私は「先生が必ず跳べるようにしてあげます」と生意気な事を言いました。けれども大変不安だったのです。私は知識だけしか持っておらず、本当にはじめての試みであったし、八人の子供らの中には、さか上がりしかできない子、前転がうまくできない子、走りが極端に遅い子等がすべて含まれていたからです（後から思えばこんな事を考えていたとはまことに教師として恥ずかしいことです）。まず、向山式Aを順々に四回やらせ、次にBを何回もやりました。一人跳べ、少しほっとしました。でもあと七人残っています。本に書いてあるようにうまくはいきませんでした。体がうまく支えられないのです。ことに体重の重い子のおしりは、そうやすやすと支えてやることができませんでした。無理矢理持って、前へ押しやるせいで、足やおしりを跳び箱にぶつけている子がほとんどでした。またAを二回ずつやり、Bを繰り返しました。やっと次の一人が跳べました。この間、約三〇分です。私はとうとうあせり出しました。時間は来るし、跳ばせられないしで本当に汗が出てきました。子供は必死でやっていたにもかかわらず、とうとう時間内で全員跳ばせられませんでした。六人も跳べなかったのです。情けないやら悔しいやら、がっくりしました。落胆している私の所へ二人の子がやってきました。「先生、昼休み練習してもええ?」と聞きに来たのです。そのとき私は何をやっているのだろうと思いました。子供は必死だったのです。跳びたかったのです。こんなにけなげな子をよそに、一人でがっかりしていたのです。私は何としても跳ばせてやらなければと思い直しました。昼休みになり、八人を集め、いきなりBをやってみました。少し慣れてきたせいか、うまく支えられるようになってきました。体重が重くてかなわなかった子の体がだんだん軽くなって、ビュッと前へ行っている感じがした時、しめた!と思いました。それが実感できたことは本当にうれしかったです。二回で跳べた子もいました。七回で一人を残し他は全部跳べたのです。残り一人は十数回やったでしょう。チャイムが鳴ったけれど続けました。そしてとうとう全員が跳べたのです。もっと、もっとと次々に跳んでいきます。私は本当に不思議な気持ちで見ていました。教師になって以来、はじめてこんな気持ちになりました。次々と跳んでいく子供の姿は輝いているようでした。片付けた後、握手をしました。バンザイもしました。うれしかった。教師の仕事ってこういうことかと思いました。

あの不安やあせりは、腕が未熟なこと、子供の可能性を信じていなかったことや自分も教師のはしくれだという変な見栄から来たものだと思います。

本当にやってよかったと思いました。子供らの為にも、私自身の為にもです。「一時間で跳ばせられる」ということの重みをつくづく感じました。以上が私の実践報告です。

宮城県広瀬小学校　竹川訓由

向山洋一氏との出会い　その1

確か一九七二年のはじめごろだったと思うが、そのころ、私は、毎月教育雑誌『ひと』を購読し、所々に目を通していた。

その『ひと』を読んでいて、目にとび込んできたのが、これもはっきりしないのだが、小野洋一氏の書いた「跳び箱は誰でも跳ばせられる」であった。私は、すぐに実践してみた。そして、これまで跳べなかった子が跳べるようになった。現在の中学一年生が五

年生だった時である。一九八二年のことである。そして、このときはじめて跳べた子が
作った詩が「作文宮城」という文集に掲載された、次の詩である。

とび箱

宮城県広瀬小学校　佐藤マトカ

「こわいっ。」

うでがつっぱる。

ひざがかたくなる。

走る前は、低く見えるとび箱なのに、
目の前にくると、

「あっ。」

と大きくなる。

そして

私のおしりがとび箱につくと
みんなの笑いがついてくる。

みんなは、喜んでいるとび箱。
私には、喜べないとび箱。
五年生になってもおんなじだ。

今日も、また、とび箱だ。
みんなの笑い声を気にしながらとんだ。
先生の手を借りながらとんだ。
先生の手を借りてとぶと、
ふわっと体がうかぶようだった。
そして
なんだかとべるような気になった。
手を思いきり前に出そう。

思いきりふみきろう。
私は、何回もくり返した。
気がつくと、
とんでいるのは、私一人だけだった。
みんなが私を見ていた。
そこに
笑っている顔は、一つもなかった。
私は、やらなければと思った。
思いきって走った。
とにかく思いきってとんだ。
羽が生えたみたいになって
マットにおりた。
そのしゅん間
私には信じられない拍手がわき起こった。
私は、うれしかった。

何も言えないほどうれしかった。

跳ばせることができるという実践を追試したら、その通りにできたのである。私もその技術を得たのである。

ところで、その小野氏の実践が向山氏の実践の追試だったのである。私は、見落としていた向山氏の実践を『ひと』誌の中にさがし読んだ。『ひと』九四号である。私はそこで、向山氏に著書『斎藤喜博を追って』があることを知った。その著書が私の求めた最初の向山氏の書いた本だったのである。

私は、この本にぐいぐいひきつけられていった。最後の学級経営案などは、〝すごい〟の言葉をはるかに超えていた。（以下略）

4　技術を使いこなす教師

「跳び箱を跳ばせる技術」は、ささやかな一つの技術である。

しかし、使い方によってはそれ以上の価値を生じさせることも可能である。

これを使って小さな結果を得るのも教師の使い方によるのであれば、反対に思いもかけない大きな結果を得るのも、これを用いた教師の使い方による。

技術というのは、あらゆる条件から切り離し「このようにすればこのようにできる」とポイントを明示することである。そのことによって誰でも使うことが可能になる。

だが、それを使う場面は人によってちがう。地域も学年も子供の実態も異なるからである。どの場面に、どのように当てはめるかは、教師一人一人にかかっている。

ただし、技術であるから、誰が使ってもそれなりの効果は出る。その効果が、他へも波及するかどうかは、教師の使い方なのである。

たとえば、山口県の槇田健氏は「全員跳ばせる」指導を、担任したばかりの四月、第一回目の保護者参観でやった。槇田氏にとっても、向山式の指導は初めてのことであった。

私の書いた文章だけを頼りにこれをやったのである。結果は大成功であった。山口県教育課程研究集会に報告された槇田氏の実践を紹介しよう。

跳び箱を全員跳ばせた授業

山口県室津小学校　槇田　健

一人一人の児童に運動の楽しさを味わわせるためには、まず全員跳び箱を跳べるようにしてやらなければならないと私は考えている。新学期が始まって間もない日、二一名の児童に「跳び箱が跳べない人いるかな」と聞いてみた。「横にしたら（跳び箱）跳べる」とわんぱくそうな子が答えた。「ぼくも」「わたしも」と口々に言った。それでも、二、三名の子が、はずかしそうに手を挙げた。私は、「跳び箱が跳べないことは、はずかしいことではない。必ず跳べるようになるから安心しなさい。次の体育の時間から跳び箱の勉強をしよう」と言った。

四月二六日の第二校時、めあては「腕立て開脚跳びができるようになる」である。その日は、参観日であり九五パーセントの保護者の見学もあった。

初めの一〇分は、準備運動をかねて、その場跳び、馬跳び、二拍子のリズムでのケンパーなどをやった。

そして跳び箱に移った。跳び箱は、四段を五台用意し、五分間自由に跳ばせてみた。

踏み切りのうまくできない子、体重移動ができなくて、跳び箱に馬のりになる子、手の位置、手の着き方のわるい子などいろいろである。跳べない子は一一名であった。残り時間二五分で全員跳ぶことができるようになるかと、やや不安な気持ちになった。

できる子は、跳び箱のまわりにすわらせ友だちの跳び方に目を向けさせ、一人一人に指導を加えた。一人また一人と跳べるようになった。そのたびに見ている友だちや保護者から大きな拍手がおくられた。跳べた子は、友だちと手を取り合って喜んだ。全員跳べるようになるまでにおよそ三〇分かかった。

それから全員を一列に並ばせ、もう一度跳ばせた。みんなにこにこ顔で跳んでいた。全員跳び終えた時、子供たちにあたたかい拍手が参観者から送られた。授業終了後、お母さんが一人来られ、「私も小学校の時、先生のように指導してもらえばよかった」と言われたことに、新しい勇気がわいた。

翌日、Y君のお母さんから手紙をいただいた。個別指導を特に要しなかった子供の母親の授業感想であった。

四月二七日(木)くもり

授業参観に行ってこんなに感動したのははじめてです。跳び箱を跳べない子が多くて、それもまるでお先まっ暗の子が多かったのに、先生の手引きで一人、また一人うそのように上手に跳べるのです。

さっきまでの半ベソの顔はどこへやら、「跳べるんだ」という自信が喜びが、顔面いっぱいにあふれて、私は一人跳ぶたびに胸が熱くなって、涙が……また一人、また涙……。「きっと跳べるんだヨ」とあたたかい手をそえる先生と、先生を信頼して一生懸命何度も何度もくり返して上手に跳んでいく子供たち。

跳べた子は跳べない子をはげまして、かけ声をかけて全員跳べた時、何とも言い表せない感動で、心がバラ色になりました。

大人も何か教えられるすばらしい授業をありがとうございました。

私は、今でもはっきり覚えている。最後の一人が跳べたとき、私の体がふるえていたことを。

これまで、何日かかっても跳べない子を跳ばすことができなかった私にとって、全員跳ばせることのできた授業は、はじめてであった。

参観していた母親たちは（それはクラスのほとんどの顔だったが）、かたずをのんで見守っていたという。

全員跳べたときの大きな拍手、見ていた親は「授業参観でこんなに感動したのははじめてだ」と言う。「言い表せない感動だった」と言う。

教師、槇田健氏にとっても、全員を跳ばせたのは初めてであり、最後の一人が跳べた時「自分の体がふるえていた」と言う。

跳び箱を跳ばせる技術は、ささやかなかんたんな技術である。が、それを槇田氏のように大きな価値を持たせるように実践することも可能である。

「誰でもどこでも使える技術」だからこそ、使い方によっては一〇倍も二〇倍も価値を生むことができる。

槇田氏の指導は、ささやかな一つの実践である。しかし、多分、日本で初めての実践なのである。

授業参観は、どこの学校でもやっているであろう。年に数回から一〇回程度の授業参観はある。日本中を考えたら、ものすごい数になるだろう。

また、跳び箱の授業も、日本中のいたるところでされているだろう。小学校の代表的な教材である。

そこで次の問いが生まれる。

初めての授業参観に、跳び箱が跳べない子を指導したという例は、今までの日本にあるだろうか。

私は、今までの日本にはなかったと推定する。私はえらそうに、大胆なことを言っているのである。

「今までの授業参観の歴史で、初めての授業参観に跳び箱が跳べない子供を教える授業をした教師はいない」と。

跳び箱は五〇年以上もの長い間、小学校の代表的な教材であった。だから比重は大きい教材ということができる。

しかも、槇田氏の実践で見るように、見ていた親がかたずをのんで見守り、言い表せないような感動を受ける授業だったのである。

「今まで跳べなかったことが、教師の指導でできるようになった」という、最も教育的な場面が生じているのである。

なぜ今までの教師は、誰一人として初めての授業参観でやらなかったのか。

結論はかんたんである。跳べない子を跳ばせる自信がなかったのである。跳ばせる自信がなければ、わざわざ親に見せようとはしないであろう。

もちろん、教師の中には全員を跳ばせたという人も、数少ないが存在した。その人たちもおそらくは、初めての授業参観で跳び箱指導を公開するという自信まではなかったにちがいない。

では、なぜ槇田氏はできたのか。

今までに、全員を跳ばせたことがあり、自信を持っていたからか？　否である。

槇田氏は、今までに全員を跳ばせたことはなかったのである。それなのになぜ槇田氏はできたのか。

「向山式指導法」を知ったからである。本で読んだからである。

技術の大切さはここにある。

おそらく、日本中の教師が誰もやらなかったであろう「初めての授業参観での跳べない子への指導」は、向山式指導法という一つの技術の存在によって支えられたのである。

いかなる法則も単純である。法則や原理それ自体があるだけでなく、何かに活用されてこそ価値が生じる。

だからこそ、どこでも適用でき、応用がきき、ドラマを生じることが可能なのである。

誰が何と批判しようと、跳べない子を数分で跳ばせられるという向山式指導法は厳として存在する。この方法で日本中で数千名の跳べない子が跳べるようなった。無視することはできない。

技術はあらゆる環境から独立した厳とした存在であるが、教師はそれを具体的な環境の中で使いこなす。

そして、身体がふるえるほどの事実を生じさせる。

教育技術を大きく使うか小さく使うかは教師次第である。

5　アマチュアの教師・プロの教師

教師になりたてのころは誰でも技量が低い。当然のことである。初めは、誰もが未熟な技量から出発する。

経験を重ねるうちにいろいろと学んでいく。研究会に出席するし、本も読む。研究授業も経験する。こうして技量を身に付けていく。もちろん年だけとって技量が身に付いていない人もいる。いかなる仕事も同じだが、経験年数と技量とは比例しない。

ここでは、教師の技量の目安として三つのランクを考えることにする。

一つ目は、限りなくアマチュアに近いランクである。まだまだ修業の身でありプロの道を目指しているランクである。

限りなくアマチュアに近くても、自覚していない人もいる。自分はプロだと錯覚している。そういう人は、本書のような本は読みはしないだろうからもう一言付け加えるが、こういう人は意外に多い。

二つ目は、どうやらこうやらプロになったというランクである。柔道でいう黒帯、囲碁・将棋でいう初段の技量である。

三つ目が、名人・達人という技量のランクである。授業や指導が名人芸とでも呼ぶべきものである。

この本で書くのは、黒帯・初段への道である。黒帯・初段への道と名人・達人への道とは、少し趣が異なる。名人・達人への道は、黒帯・初段程度の力を身に付けてからのことだから、あわてなくてもいい。黒帯・初段程度の力さえなくて、名人・達人への道を求めても、ケガをするだけである。

では、黒帯・初段程度の腕とはどのくらいの腕なのか、私が今まで書いてきたものの中からまとめてみることにする。

さて、初段程度の腕とは何か？　たとえば次のような技術を一〇〇は持っていることである。六つだけ問いの形で示す。

① 遠足のバスの中で子供が何時間でも熱中するゲームを五つ言いなさい。
② 全校児童を集めた時、三〇秒ぐらいで全員を集中させる方法を五つ言いなさい。
③ かけ算九九の指導方法を五通り言いなさい。
④ 毎日一五分位、一週間練習して、逆上がりができない子をできるようにさせる方法

（成功率八割）を二つ言いなさい。

⑤　名詩・名文を楽しく短時間で暗唱させる方法を二つ言いなさい。

⑥　向山式跳び箱指導法以外に、全員を開脚跳びができるようにさせる方法を三つ言いなさい。

これが一番分かりやすいと思う。つまり「教育技術における初段程度の腕」とは、例に示したような技術を一〇〇は持っているということである。

自分はベテランである、自分の腕はちょっとしたものであると言っても、こうした技術を身に付けていなくては「初段程度」「黒帯程度」の腕もないということである。

教師を一〇年も二〇年もやっていて、一応の研究はして、本も読んでいれば、このくらいは身に付けているだろうからである。あと六つ、例を追加する。

⑦　二年生の社会科です。電車の運転士の仕事を教えたいと思います。どう発問しますか、発問を書きなさい。

⑧　同じく二年生の社会科です。郵便について教えます。手紙を出してから配達されるまでに、何人の人に世話になりますか。どこの部分を授業しますか。

⑨ 次の俳句で五時間の授業をします。発問を示しなさい。
古池や蛙飛び込む水の音　芭蕉
⑩ 次の詩で三時間の授業をします。発問を示しなさい。
　雪　　三好達治
太郎を眠らせ、太郎の屋根に雪ふりつむ。
次郎を眠らせ、次郎の屋根に雪ふりつむ。
⑪ 全員の子供が熱中する漢字ゲームを三つ言いなさい。
⑫ 新出漢字「飛」をどう指導しますか。指導方法を述べなさい。

もう一度言う。このような技術を一〇〇くらいは持っていて、初めて「初段程度」「黒帯程度」なのである。これは、自然に身に付くことではない。

いくら「センスのある人」が経験を重ねたとて身に付けられることではない。「初段程度」「黒帯程度」になる修業をつまなければならない。

その方法を示そうとしたのが、本書である。

6　伸びる教師の共通点

「伸びる教師」ということについて少し述べてみる。

教師は二〇年経験したから「二〇年分の技量」があるというものではない。二〇年の経験をしていても、新卒程度の技量の人もいる（それ以下の人もいる）。

反対に、「さすがにすごい！」と思わせる教師もいる。こういう人は、どうして「さすがにすごい！」というまでになったのであろうか。

自然に何もしないでそうなったのであろうか。そんなことはない。やはり、その人なりに努力を重ねて「さすがにすごい！」と言われるまでになったのである。

そういう教師は、やはりそれなりのすばらしさを持っている。

第一に「全員の子供を何とかしよう」と考えている。「全員の子供を何とかしよう」というのは、自分自身の見栄のために、教師がほめられたいからするのではない。本当に何とかしたいという教師のあたたかさから出ているのである。

だから、「漢字ができない人は毎日残りなさい」というきびしさとは少しちがう面を持っている。

何というか、できない子に対して優しいのである。

「全員の子供を何とかしようと思っている。そして、できない子に対して優しい」

これが、伸びる教師に見られることである。

ある二年生のクラスに男の子の転入生があった。不思議なことに、書類を持っていない。前の学校に問い合わせたら、突然いなくなったのだという。

その子はよく学校を休んでいたらしい。転校してきて、しばらくすると二日、三日と休み出した。その担任からどうしたらいいか相談を受けた。

私は「転校書類」をきちんと送付してもらうこと、どうして休むのか理解することが大切だと言った。

次の日、その子の担任が家庭訪問をして、お母さんに学校へ来ていただいた。

子供もしばらくすると、やってきた。私はその子とおしゃべりをした。

その子は、家の事情で五歳の妹と施設に預けられていた。最近やっと母親と三人でくらすことになった。ところが、母親は夜になると仕事に出かけるのである。帰りは夜中の二時になる時もあるという。

私はその子としゃべった。

「そうか、学校に来るとお母さんと一緒にいるときがなくなっちゃうんだな」

その子は「うん」と答えた。だから、学校に来ないでコタツに入ってテレビを見ているのである。母親は「学校に行きなさい」と言うらしい。

登校拒否をくり返す「めんどうな子」という言い方もあろう。

しかし、わずか小学校二年生の身で、小さい妹と二人施設に預けられ、やっと母親と一緒に住めたのである。

それなのに、学校に来てしまえば、母親と一緒にいる時間がなくなるのだ。

「それでも学校に来い。それほど学校は大切だ」と言う自信は私にはない。

いや「この子には、母親のぬくもりこそが一番大切なのだ」と言える。

「学校に来なさい」という面からだけ考えたならば、この子の苦しさを解決はできない。

この子のつらさを、いとおしいまでの寂しさを理解するのでなければ、教育はできない。

このままでいいということではない。何とかしなくてはならない。しかし、それは、この子の身の上を、わがことのように理解してからなのである。

また、「全員をできるようにさせる」ということを何か厳しく、スパルタ式にしごくことだと考えている人がいる。

私は、そんなことには反対だ。教室には、いろんな子供がいる。人それぞれである。だから人生がすばらしいのと同様に、教室もすばらしい。

「それぞれの子供に応じて、できるようにさせる」のであり、「できない子への優しさ」を持ってできるようにさせるのである。

だから教師は、いろいろな方法・技術を持っていないと対応しきれないとも言える。

第二に伸びる教師は、前述したことの裏返しだが、仕事の責任を回避しない人である。

「子供がさわぐ」「子供ができない」ということの原因を、まず自分自身の問題として考える人である。

「子供がさわぐ」「子供ができない」原因を、他に求める人がいる。

親がわるい。家庭がわるい。地域がわるい。前の担任がわるい。教科書がわるい。学校がわるい。……

理由はいろいろあるが、このように、まず他のことに原因を求める人がいる。

それも、担任になりたてのころならまだしも、一カ月も二カ月も担任をしていながらこのように言う人がいる。

「子供がさわぐ」のは、その人がわるいからである。力量のある教師が教えれば、子供はすぐに静かになる。授業に熱中するようになる。

「子供がさわぐ」のは、つまり「授業に熱中しない」のは、その教師の力量が低いからである。他にも原因があるかもしれないが、九〇パーセントは、教師の責任なのである。

それを、責任転嫁をする教師がいる。情けないことだ。自分の仕事の責任を自分で取るという、職業を持っている人間なら、当然心しておかなければならないたしなみがないのである。

こういう教師は伸びるはずがない。「自分の欠点」を自覚せず、責任の転嫁をして、他を責めているのだから伸びるはずがない。

「自分のせいだ」と思う教師なら、どこがわるいのかと謙虚に考える。工夫もするし研究もする。

そういう人の所へは情報も集まっていく。こうして、伸びる人はますます伸びる。反対に、他に責任転嫁をしている教師は、何十年教師をやっていようとアマチュアの腕しか持っていないのである。

注意深く、教師の話に耳を傾けるといい。

「すばらしいな」「すごいな」と思う教師は、決して「できないこと」を子供の責任にはしない。

いつも工夫を加えている。

それに反して、力量のない教師ほど、「子供の責任」にしてしまう。

伸びる教師は、教師の仕事のおそろしさを自覚している。自分が二年間も三年間も教えてしまっていいのだろうか、と絶えず反省している。「子供ができない」ことを、自分自身の責任として考えていく潔さ、責任感、謙虚さを持っている。

伸びる教師の第三の特徴は「素直」であるということである。

これは「自己主張がない」ということとはちがう。権威に対してペコペコしているというのともちがう。しかしどんな人間の言うことにも耳を傾け、吸収していく力があるということである。

「素直」な人には、まわりの人がいろいろと言ってくれる。

「よかった」時は「よかった」と言ってくれるし、「わるかった」時は誰かがそれとなくたしなめてくれる。

こうやって、いつの間にか成長していく。

これは、いかなるプロの修業でも共通らしい。相撲でもプロ野球でも将棋でも歌謡でも、プロを育てるのには、その道で天分がある人に目を付ける。

しかし「少々天分があってひねくれている人」より「天分は劣るが素直な人」の方を選択する。これは、どんな道といえども絶対の条件だと思う。

それは「素直な人」の方が、どんどん吸収して伸びていくからである。

他人の意見を受け入れる懐の広さがあるからである。少々天分のある人の伸びなど比較にならない。

「素直な人」は「ひねくれている人」に比べて、人間的な魅力がある。しかし、大事なのは、それだけではない。「素直な人」の方が、本当に伸びていくのである。

よく「少々研究論文を書いた」「少々実践報告をした」ということぐらいで、天狗になっている人がいる。

しかし、そんなのは見る人から見れば大したことではない。どうということもない程度である。全国には、いくらでもいる。

前述したように、「素直である」というのは、他人がいろいろ言ってくれるということである。つまり他人の尊い経験が流れ込んでくるということである。こんなすばらしいことはない。

次に、伸びる人、それは知的な人である。本を読む人である。

どの程度の本を読むのか、人によってもちがう。

たとえば、雑誌を一三誌とっている人、斎藤喜博、東井義雄、有田和正と私の全著作を読破して大村はまの全著作に向かう人など、旺盛な向学心とともに教師としての有り様を模索する人たちがいる。

二〇代三〇代の伸び盛りの教師なら、これぐらいはするだろう。

「向山先生の出ている雑誌は全部買ってます」という便りを週に二度ぐらい未知の方からいただくが、そういうこともあろうと思う。

もちろん、これは私でなくてもいいのである。自分と同じ仕事をする人間の中に「気になる人」がいることは、知性の一つの証しだからである。

実力のある国語教師は、ちょっとした「言葉」が気にかかる。たとえば、「頁」という漢字の読みがなぜ「ページ」という外国語なのかというように。

また、おしゃれのセンスのある人は、街を歩く時に他人のおしゃれが少し気にかかる。

教育の仕事で伸びていこうとする人なら、教育実践、教育研究の中で話題になっていることに目配りがあって当然であろう。

自分の専門とする教科の教育雑誌を二冊ぐらい、授業論・研究論などの教育雑誌を二冊ぐらい、面白い特集をした雑誌を毎月一、二冊ぐらい、そして教育書単行本を毎月二、三冊は購入する。ここらあたりが伸びる教師の最低レベルであろう。

現代のエリートサラリーマンは、年収の五パーセントを書籍代にまわすという。年収五〇〇万なら二五万円。月に割って二万円である。

私が示した先ほどの本代は四、五千円程度（当時）である。伸びる教師はこの程度は勉強している。差がついてくるのは当然である（また、著者は「差がつく」ような本を書くべきだ）。

さて、私はまた教師の知性のレベルをごく単純な方法で見分ける。

教室に次のものがどの程度置いてあるか。
一、自分が購入した本
二、分野別のファイル

本は三種に分かれる。教育雑誌と辞書と教育書である。

教室に辞書が一冊もないというのは論外である。授業中に調べる時もあるはずである。

私の教室には次の辞書があった。国語辞典三種、ことわざ辞典二種、外来語辞典一種、英和辞典一種、漢和辞典一種、用語用字辞典一種。なお自宅には国語関係だけで二〇種ほどの辞書があり、この原稿を書いている私の机上の本棚には一〇種の辞書が並べてある。『新明解国語辞典』『岩波国語辞典』『広辞苑』『新潮国語辞典』『新明解漢和辞典』『新字源』『類語新辞典』『漢字の語源』『漢字の用法』『ことわざ辞典』の一〇冊である。

最低一種、勉強意欲のある教師なら二種は教室にほしい。

教育雑誌は「読みたいもの」「気になるもの」などがあればいい。学校で必要な時もあるからである。ところが、勉強していない教師の教室には、見事と言っていいくらい一冊もない。読んでないのだろう。

私は同じ教育雑誌を二冊購入していた。大学一年から二〇年以上定期購読していたが、ずっと二冊にしていた。

二冊とるのは、自宅と学校で必要だからである。また一刻も早く読みたいからである。

さて教育書だが、教室に一〇冊以上自分が買った本があれば、一応最低の水準は保っているといえる。ただし、一〇年も昔に買ったものばかりが並んでいる人がいる。これは、昔は勉強したこともある人ということだろう。

やはり、最近の話題の本などもまじっているようでありたい。

だめな教師の教室には、教育書は、影も形もない。

さて次に、ファイルである。どのように分類するかについては、いろいろとあろう。研究熱心な人は、次の程度のファイルは必要だろう。研究している教科の各学年（それも分類別に）、たとえば、六年社会科だけで数冊にはなってくるはずである。

情報は、自分に関係ないものはどんどん捨てた方がいい。しかし、自分が必要とするもの、自分が書いたものや、いずれ引用しようと思うものは整理してとっておくことだ。

私はある程度まとまると整理してしまう。

さて、このファイルの数だが、一〇冊以下は論外だろう。中には二、三冊しかないという人もいる。

伸びていく教師は、三〇冊程度のファイルをちゃんと教室にかかえているものである。

私は数えたことがないが、製本した分を含めると、二、三百冊あるだろうか。

つまり、伸びる教師の教室には次のようなものが見られるということである。

一、数冊の辞書

一、最近の教育雑誌
一、一〇冊以上の教育書
一、分類別に綴った三〇冊以上のファイル

私は全国の若くて熱意のある教師に多く会う。酒を飲んで語り合う。伸びていく教師はやはりそれなりのものを持っている。

しかし、この本を読んだ方の中には「自分はだめだ」と思われた方もいらっしゃるだろう。でも成長は「だめだ」と自覚した時から始まるのである。

自分も成長したいのであれば、このようになっていけばいいのである。私が出会ったすばらしい教師たちも、初めからすばらしかったのではなくて、どこかで一つ一つ学んできたのである。当時の私は、全国の若い教師と一緒に、すぐに役立ち、そして面白い教育雑誌を創り出したいという思いをいだき、後年、『教育トークライン』として結実した。

7　だめな教師の共通点

伸びる資質の教師もいれば、反対の教師もいる。中には習っている子供がかわいそうだと思いたくなるような教師もいる。残念だが、それが事実である。だめな教師には、次のような共通点がある。かんたんに共通点を述べてみる。

（1）「子供ができない」「子供がきちんとしない」ことの責任を他人のせいにする。

これは、顕著な共通性である。「この子供ができないのは、親に問題があるんだ」「前の担任がわるかったからだめなのだ」、この種の愚痴が際限なく続く。「できない子をできるようにすること」や「きちんとしてない子をきちんとさせること」。これこそが教師の仕事なのである。

子供がきちんとしていないなら責任は教師にある。それを親のせいにして平然としている教師がいる。

聞いた話である。校外に見学に行った時、子供の態度がひどかった。帰ってきた教師は、子供を叱り親から始末書をとった。ある父親は、自分の子供の非をわびて、その上で、「先生のご指導で何とかならないものだろうか」と書いた。それを見て、その教師は怒ったらしい。教室の中でその子を立たせ、親の手紙を読み上げて「こんな親だから子供もだめだ」と言ったという。

聞くだにおそろしい、身の毛もよだつ実話である。こういう人は、人間としての基本がだめなのだ。教師を辞めた方がいいと私は思う。

「子供ができないのは教科書がわるい」と、この方面の責任にする人もいる。確かに教科書にもわるいところがある。しかし、それを使って立派に授業をしている人もいる。他の教材を使用して効果を上げている人もいる。

原因のすべてを教科書のせいにするのは言いのがれだ。教科書の批判は批判としてきちんとやって、でも、このくらいはできると示していくことも教師の大切な仕事である。

子供たちにとって、その時期の教育はかけがえがないからである。教科書がよくなるまで中止するわけにはいかないからである。

（2）教育の情報が少ない。

「本を読まない」「研究会に参加しない」から当然といえる。身銭を切って専門技量を身に付けるということがないのである。

教育に関する情報の収集をしていないから、全国的に問題になっていることも知らないし、話題の教育書も知らない。その結果として、教育の方法が我流になる。

たとえば、教室で笛を吹いて子供たちを静かにさせるような方法をとる。これは、教師の技量が極度に低いことの証明なのである。

あるいは、子供にシールを与えて競争心をあおることをする。

こんなことは、『知的好奇心』(前出)を読んでいれば、おそろしくてやれないことである。ものを与えてやる気を起こすことが「本当のやる気を失わせてしまう」ことになるからである。

知的好奇心に満ちた子供を育てようとすれば、こんなことをしない方がいいからである。

あるいは、「忘れ物一覧表」などを教室に貼り出す教師もいる。見せしめの教育の方法だが、これも教師としての技量が低い。それのみか品格も低いことの証明である。

一級の実践家なら、絶対にやらない方法である。

数え上げればきりがない。極端に言えば、何もかもがまちがった我流であるという教師もいる。

そして、おそろしいことに、そんな教師に限って、自分は満更でもないと思っているらしいのだ。

(3)「主語・述語」がはっきりした文が書けない。

名文・美文を書けというのではない。ごくごく単純に、主語があって述語がある文、それも正しく対応している文が書けない。通知表に書いてある文章が何を言ってるのかさっぱり分からないという教師もいる。きっと今までに、あまり本も読まず、あまり文章も書かず、あまり辞書も引かないできたのだろう。

私は一日に、五回から一〇回ほど辞書を引くが、そんなこともないのだろう。

文章を書く力量がある人ほどよく辞書を引くし、百科事典の使い方もうまい。

ところで「主語・述語」を満足に使いこなせない教師は、傍《はた》迷惑でもある。こういう人は親切に練習問題を作って他のクラスまでまわすのだが、一枚のプリントに誤字だらけ、意味不明だらけで全く使いものにならないということになる。一枚の学級通信を書いて、意味が通じたらそれで十分なのだが、この程度の文を書けない人がいるわけである。

きっと、知的訓練が不足していたためなのだろう。自業自得である。

以上の他にも共通する特徴を持つ。たとえば「研究授業を大変いやがる」ということがある。いろいろえらそうな理屈を付けるが、つまりは自分のだめな授業を同僚に見られたくないのだろう。

「子供に対する優しさに欠ける」ということも言える。「子供のよい点を話題にしない」

というようなことも言える。まだまだあるが、いやな話なのでここで終える。

教師の世界からこのようなことを段々になくしていくべきだと思う。とりわけ、これから新しい教育文化を創っていく青年教師にとっては、大きな課題となるだろう。

第3章

授業の腕を上げる法則

学ばない教師は伸びない。だから五〇歳になっても、新卒程度の腕の教師がいる。だが、いかに努力をしても、せいいっぱいやっても正しく学ばなければ何にもならない。「自分の方法」「自分なりのやり方」は、だいたいは「よくない方法」であることが多い。「よくない方法」を「よい方法」と錯覚しているから、いろいろなトラブルが生じる。校長ともなれば、このような父母の苦情をいっぱい耳にしているはずである。そういう苦情は本人だけが知らない。

さて、本章では、前半に教師の腕を上げる常識的方法を述べる。

続いて、「何をどのようにしていったらいいのか」という疑問に答える。授業の腕を上げる法則を示す。さらにすぐれた教育技術を身に付けていく方法の意味について語る。

1　根拠をもって実態をつかめ

まず、教室の子供たちの実態を正確に理解すること、ここからすべてが始まる。正確というのは「根拠をもって数値に示せる」ということである。

たとえば次のように聞いたとしよう。

> 現在クラスで一人ぼっちになりがちな子は何名ですか。

毎日、付き合っている子供たちである。一人ぼっちになりがちな子供の姿が目に浮かぶ。「AちゃんとB男とC子の三人だ」などと頭に浮かんでくる。そこで「三人ぐらい」と答える。

私は、そこでもっと突っ込んで聞く。「何を根拠として、そう言えるのですか」

ここでほとんどの教師はつまってしまう。

つまり、根拠がないのである。毎日、子供と向かい合っていることから生まれたカンなのである。だから「だいたい三名」とか「三名ぐらい」という言い方になる。

「私は毎日、日記を見ている。その日記から分かる」という教師もいる。しかし、これは教師の思い上がりである。毎日、日記を見ていても分かりはしない。

私のいた学校には「一人ぼっちの子をなくそう」という週間があった。全校一斉に調査をする。一週間のうち五日間について調べる。まず、「二〇分休みに誰と何をしていたのか」を調べる。

低学年は遊んでいた人ごとにグループを作りしゃがませていく。二人でブラブラしていたというのもしゃがませる。このように調べると一人でいたという子が出てくる。屋上で外を見ていた。校庭をブラブラしていた。音楽室でピアノを弾いていた。

一人でいるいろいろな姿が浮かんでくる。しかし、たまには一人でいたいこともあろう。身体の調子のおかしい時もある。だから、これを五日間調べる。そのうち「五回とも一人でいた」「四回も一人でいた」子を「一人ぼっちになりがちな子」と定義する。

友だちみんなと遊ぶ二〇分休みに、ほとんど一人でいるのであれば、どこかに問題がある。教師はそれを理解しなければならないし、手をさしのべなければならない。

これを毎年くり返して調査しているのであるから、いろんな面でよい所がある。学校全体で取り組めば一人ぼっちの子などは、ほとんどなくすことができるということである。「根拠をもって数値に示せる」というのはこのようなことである。

「何となく」とか「毎日、付き合っているから」というのは、子供たちの実態をつかまえたことにならない。たとえば、次のようなことも大切である。

子供たちは、何を得意だと思っていますか。

子供たちは、自分が得意であるものを持っている。趣味なども持っている。また、将来の夢を強く持っている子もいる。

「全員を分かる、できるようにさせる」ことは、教師の大切な仕事だ。

それと共に、「得意なもの」「趣味」「未来の夢」を大事に育ててやることも大切な大切な仕事である。せめて、「だめにする」ようなことがあってはなるまい。「将来絶対音楽家になりたい」と思っている子供に、「あなたは音楽の才能が劣るわね」と決して言ってはならないだろう。そんな残酷なことをする権利は、教師にはない。

「教えるとは希望を語ること」という有名な言葉がある。

まさに、教師が子供の未来への夢や希望をふくらませ、育ててやることは大切なことなのである。そのためには、「子供は、自分は何を得意と思っているのか、趣味は何か、未来の夢は何か」などを理解しておくことが必要となる。

ところが、理解している教師が少ない。意識して子どもに対する心配りをしないと分からないからである。

また次のようなことも大切である。


四則計算のクラスの習得率はどのくらいですか。

A　たし算は？
B　ひき算は？
C　かけ算は？
D　わり算は？

どの程度の問題に、どの子がひっかかっているということを、示せなくてはならないのである。たとえば、太郎君、次郎君の二人がひき算でつまずいていたとしよう。しかし、この二人はちがう人間だから、同じようにまちがえるはずはない。

そこで、私は次のように聞く。

太郎君は、どういうひき算はできて、どういうひき算はできないのですか。具体的に例題を示してください。
次郎君も同様に、例題を示してください。

例題を示せるなら、太郎君が「どこの部分でつまずいているか」が分かっているのである。例題が示せないのなら「漠然と捉えている」のである。医者が「ああ、どこか痛いのですね」と大ざっぱに捉えているみたいなものである。

さらに、クラスの中で、誰と誰と誰がつまずいていると示せないのなら「実態をつかんでいない」のである。

「子供が家に帰ってから何をしているか」ということも、意外とつかめていない。これも調査の方法をしっかりやらないとだめである。

数直線のような、時間を示す調査用紙だけでは不足である。たとえば、前日のテレビ欄はぜひ印刷して全員に渡さなくてはならない。そして、見た番組を赤で囲ませる。このように、はっきりしていることをまず確定して、だんだんとあいまいな部分をはっきりさせる。

こうすると、今まで見えなかった部分も見えてくる。このように「根拠をもって数値に示せる」実態をつかむことが重要である。もちろん、子供たちのすべての部分を知ることはできないし、その必要もない。だから自分の教育にとって大切だと思うことにポイントを絞り込めばいい。

およそ、一〇項目あればいいであろう。

ただし、その中には必ず次の項目を含める。

Ⓐ　整数の四則計算の達成度
Ⓑ　漢字の「読み・書き」技能の達成度
Ⓒ　友人とのかかわりの実態
Ⓓ　虫歯治療率など、健康維持の目安

実態をつかむと問題点が見えてくる。何とかしなければならないことがいっぱい出てくる。しかし、全部を何とかするわけにはいかない。問題点を絞り込まなくてはならない。つまり、優先順位を付けるわけである。

これには公式はない。まさに具体的場面での応用である。教師が選択をしなくてはならない。子供を知っているのは、担任だからである。

あるクラスでは「いじめ」が第一位になるかもしれない。あるクラスは「基礎学力」が第一位になるかもしれない。

自信を持って担任が、問題点を絞り込めばいい。優先順位をつけて三位くらいまでに絞り込む。つまり、このくらいが具体化できる限度である。

しかし、他のことを全くしなくていいというわけにはいかない。「根拠ある事実」を知ることで、すでにいろいろな問題点は含まれてしまっている。だから、他の問題点も無視できない。気にかかる。

これが自然である。自然でよいのだ。

「気にかかる」というのは、「何かチャンスがあれば、つつこんでやってみよう」という状態である。つまり、待機の状態なのである。積極的に解決すべきいくつかの問題点と、待機の問題点に整理することが大切なのである。

ここまでが、まずやるべきことである。

実態をつかまなくては何事も始まらない。

2　教師の技量を向上させる常識的方法

さて、実態をつかんだ上で、教育をしていくのであるが、教師の技量を上げるためにどうしていくべきなのかの常識的な方法をかんたんに説明する。

まず、自分のかかえる問題点をどうしていくのか。身近な信頼できる先輩に教わるのがよい。どこの学校にも、一人ぐらいは信頼し尊敬できる教師がいるものである。そういう人に食らいついて教えてもらう。相手からどれだけのことを学べるか、それは学ぶ人の出方にかかっている。

次に、多くの本を読むことである。しかし何となく本を読んでも何ともならない。本を選択する基準は二つある。一つは、自分が読んでいて面白い。どこか引き付けられる。もう一つは、読んでいてためになる。とりわけすぐに役立つことがある。

このどちらか一方でも満足する本を見付けることだ。面白くない本、ためにならない本は、やめた方がいい。せっかく買ったのになどと思わない方がいい。無理して読めば、時間の無駄である。損害はますます拡大する。私は読んでいてわけが分からない本は、その場で読むのをやめることにしている。

もっとも、「どこかひき付けられ」「どこかためになる」本は、少ないものだ。だが、さがせばある。

人が「これはいい」と勧める本は、ぜひ目を通すことだ。そこには、何かがある。

次に、研究会に参加することを勧める。これも、自分にとって居心地がよいということが大切である。研究会は、一回や二回で成果は出ない。しかし、五年、一〇年と経つとその差は歴然としてくる。

いろいろな研究会があるが、一番いいのは、自分たちでサークルを作ることである。これが一番、学ぶことが多い。ただし、どんなことをしてもサークルに出席するという熱意のある人が三人は必要である。もしそんな人が三人身近にいるのなら、ぜひ作ったらよい。そういう人が三人集まるのは、一千万円の宝クジが当たるより大変なことなのだ。

こういうサークルは一度には大きくならない。大宣伝をすると多く集まって来るが、また一人、二人と来なくなってしまう。結局、「求めている人」に出会うことが大切なのである。だから、一年で一人か二人増えれば上等なのである。それに、サークルはせいぜい一〇名ぐらいでいいのであって、一五名がいつも出てきたら、サークルの機能は減退してしまう。

こういう自分たちのささやかなサークルの一〇年間は、大学で学ぶ一〇年間よりも多くを学ぶはずである。こうしたサークルの情報網は、どんなすぐれた個人もたちうちできない。

私は、京浜教育サークルというささやかな研究会を大学卒業以来続けている。東京の片隅にある一〇名程度の小さな会である。

「向山式跳び箱指導法」はここから生まれた。文学教育における「分析批評」の実践を支えたのもここである。また、「教育技術の法則化運動」を発生させたのもここなのだ。

小さな研究会だが、当時既に八名の人間が雑誌論文を執筆し、三名が著書を出版している。

このような小さな研究会を持つことをすすめる。

最後に、学校でやっている研究活動に取り組み、研究授業をやっていくことだ。

研究授業を避けるような人は、教師の技量は伸びようがない。

ただし、研究であるから、自分の頭で考え納得しながらやらなくては何の意味もない。

私は当時、三年ほどで一〇冊の著書を書いた。そのもとになったのは、学校でやっていた「校内研究」である。私は、全国的な研究団体にはどこにも属していなかった。校内の研究だけをやっていた。

ある年は「児童活動」、ある年は「文学教育」、ある年は「社会科教育」というようにテーマは様々なものだった。しかし、自分が日々実践する場での研究を中心にすえることによって、私は多くのことを学んできた。

以上、従来より言われてきた教師の技量を向上させる方法である。

このようなことを一つ一つやっていくことが大切である。

しかし、従来の方法には欠点があった。それは、あまりにも漠然としているということである。自然成長に近いところがある。

教師の技量を上げるためには、もっとしっかりとした「方法」があってよい。

それがあるのか？　答えはイエスである。直截に言えば次のことである。

第一に教育技術（定石）を学ぶこと。

第二は教育技術を使ってみること。

第三は自分の実践を「発問」「指示」「留意事項」という観点から文章化すること。

以上のことについて、以下にくわしく述べていく。

3　定石を学ぶ必要性

将棋や囲碁が強くなるためには定石を学ばなくてはならない。

定石とは、「ある部分だけの最善手（最もよい方法）」で、ふつうは、二、三十手一組になっている。

もちろん、「ある部分だけの最善手」だから、いつもいつもそのとおりになるということではない。

将棋や囲碁の戦いは、必ず未知の部分に出合う。未知の部分では定石を機械的に真似してもうまくいかない。

未知の部分は、今までの戦いの延長にあり、異なる条件が含まれるからである。応用問題を解くようなものである。応用問題を解くべき時に、機械的に定石の真似をしてもうまくいかない。失敗する。

だから定石を覚えると弱くなるという時もある。

しかし、初段程度の技量になるためには、重要な定石は勉強しなくてはならない。これは、いかなる「稽古ごと」「習いごと」にも共通している。

定石は、今までにプロ中のプロが試合の中で練り上げたものである。何十年、時には何百年もかかって作られてきた。

部分的には最善手なのである。だから他の方法をやると必ず負かされてしまう。定石以外はふつう悪手だからである。

そのような厳しい試練を経てきた一手一手の組み合わせが定石である。

定石は、プロ中のプロの多くの吟味によってこそ出来上がる。アマチュアが作ることはできない。

「こういう時は、これが最もよい方法だ」というのが定石なのである。

定石を学ぶには、まず「手順・方法」を知ることだ。しっかりと覚えることだ。

そして、真似をすることだ。真似をすると、今までの我流よりよくなる。

これは当然なことで、プロ中のプロが吟味しつくした最善手を使っているからである。

しかし、時にはうまくいかない場合もある。その時々に条件がちがうからだ。そんな時は、別の定石を使わなくてはならない。

つまり、いくつもの中から、その場に合った定石を選択することが必要になる。

いつもいつもたった一つ覚えた定石を使っていてはだめなのだ。

だから定石は、多く知っていた方がいい。いや、多く知ることが絶対の条件となる。「集会に集まった子を三〇秒で静かにさせる方法」を一つしか知らないより、五つも六つも知っておいた方がいい。

体育館に集まった時、遠足で集まった時、プールに集まった時、朝礼で集まった時、避難訓練で集まった時。同じ集まるにしても条件はいろいろちがう。条件がちがえば静かにさせる方法もちがってくる。

いつも「怒鳴ることで静かにさせる」教師、いつも「一、二、三と数えて静かにさせる」教師は、やはりプロとは言い難い。

だが、いくつかの定石を知って、その場に応じて使い分けられるようになるためには時間がかかる。やはり、それぞれの方法について経験を重ねることが大切だからだ。経験を重ねるとその場に応じた選択ができるようになる。

以上をまとめてみる。

一、たった一つの定石を知ってやってみる。
二、同じようないくつかの定石を覚える。
三、具体的な場面でいくつかの定石から一つを選択してやってみる。

四、このような経験を重ねて、使いこなせる定石を増やしていく。
このように定石をまず学ぶということが必要になる。

昔から、稽古ごとの上達の段階に「守《しゅ》・破《は》・離《り》」という、三段階が言われてきた。

これは、法則というより公理に近い形で使われている。

まず初めは、「師の教えるところを守れ」。それをしないで我流でやると、必ず伸び悩む。

続いて、「師の教えに改良を加え、部分的に改革していけ」、そして「師から離れ、自分自身のものを築き上げよ」というようなことである。

定石を学ぶことは、この「守・破・離」の守に当たるのである。

4　なぜ定石を学ぶのか

ところで、なぜ定石を学ぶのであろうか。

そのことについて、もう少し考えてみる。

定石の一手一手に意味がある。なぜそうするのかという理論に裏うちされている。しかし、初めのころは、一手一手の意味が分からない。言葉で知っても本当には理解できない。体験が不足しているからである。

しかし、定石を使っているうちに一手一手の意味が、おぼろげに分かってくる。なぜこうするのか、どうしてこの方法がいいのか分かるようになる。

定石を覚える最大の意味はここにある。我流と根本的にちがうところはここなのである。

もちろん「部分的な最善手」という技術を身に付けることは大切だ。それ自体意味のあることだ。

しかし、「部分的な最善手」を学ぶことによって、その技術を支えている「考え方」「思想」を学ぶことができる方がもっと意味がある。「将棋の考え方」は「将棋の技術」を学ぶことによって身に付けられる。

逆に言えば「将棋の技術」は「将棋の考え方」に支えられている。定石を学ぶことなしに、将棋の考え方を高めようと思っても不可能である。将棋の最高の思想の表現が定石に込められている。

プロになるには(いやアマチュアでも強くなりたければ)定石を学ぶことは不可欠だし、それを通して「将棋の考え方」を理解していく他はない。

教育の技術も同じである。すぐれた教育の技術を学ぶのは、それ自体大切なことではある。それを使えば、うまく教育することができるからである。

しかし、すぐれた教育の技術を学ぶのは、「うまい方法」を身に付けるためだけが目的ではない。すぐれた教育の技術は、すぐれた教育の考え方に支えられている。教育の技術を学ぶことによって、教育の考え方も学んでいく。

すぐれた医師の思想は、すぐれた医療技術に支えられる。

すぐれた建築家の思想は、すぐれた建築技術に支えられている。

当然のことである。仕事はすべて、専門的な技術に支えられているからである。

すぐれた教育実践家は、すぐれた教育技術の持ち主でもあった。

子供の可能性を伸ばしていくために、教師は教師の専門技術をいっぱい身に付けなくてはいけない。それを使いこなせなくてはいけない。

「教師にとって教育技術が大切だ」と言うと、「それは技術主義だ」と批判する人がいる。

こんなおかしな批判はない。

「医師は患者を治療する技術をいっぱい身に付けなくてはいけない」と言ったら、「それは技術主義だ」と批判するだろうか。


医師が医師の務めを果たすには、医師の技術がなくてはならない。

大工が大工の務めを果たすには、大工の技術がなくてはならない。

教師が教師の務めを果たすには、教師の技術がなくてはならない。


すぐれた技術はすぐれた思想の具体的表現である。


このことを、批判者は理解していない。教育の技術について、具体的に説明ができない教育論文をいくら読んでも役には立たない。

「守・破・離」という修業の原則が昔から伝えられているのも、定石を学ぶことによって、そこに含まれている最高の考えを学ぶことが可能だからである。

何百年かにわたって試されてきた、技量向上の方法なのである。

我流にはこの「守」がない。定石を学ぶということがない。だからそのような我流の学び方は、ある程度まではいくが、それ以上は絶対に伸びない。

これは当然で、定石は、今までのその道の名人・達人が長い年月をかけて創り出してきたものなのである。そこには、その道の最高の考え方・技術方法が含まれている。

たかが、一人の人間の努力など足もとにも及ばない。

ただ、定石を知っても、初めから名人・達人の技量は身に付かない。しかし、定石を学ぶことなしには、決して名人・達人の域には達しない。

5　すぐれた指導は定石の組み合わせである

すぐれた指導技術は、いくつかの定石の組み合わせである。

授業を参観していて、「あそこの指導はうまいな」と思えることがあったら、必ず複数の指導技術が混在している。

多くの参観者には「あれども見えず」の状態であろう。見る力のない人には、いくら目の前に起きたことでも分からないのである。

相撲のことを考えれば分かりやすいであろう。

テレビで横綱と大関の取組が終わったとする。今、見たばかりの試合である。よく分かっているはずである。

「ところで、今の勝負の勝因(敗因)は何か」と聞かれたら、ほとんどの人は答えられないだろう。「何が何だか分からなかった」という答えが多いと思う。「あれども見えず」の状態である。

それで当然なのだ。

だから、解説者がいる。

解説者が、今の試合の勝因を明確に示してくれるはずである。素人には見えないことが、プロには見えるのである。

吉田秀和氏といえば二〇世紀後半の音楽批評の第一人者であるが、音楽批評の修業を相撲を再現することでやったことでも有名である。氏は『私の文章修業』の中で、自身の音楽批評の修業について詳細に述べている。

たとえば、氏は初め、短い時間の勝負の中で、誰がどこでどうしてどうなったのかなど、いわゆる逐語記録的な描写を心がけていた。ところが、そのような書き方では、どんなに精緻に正確に描写しても、勝負のダイナミズムを再現できないことに、氏は気付いたのである。また、細部の記述をいくら積み重ねても全体を表すことにはならないという困難さを改めて感じた時に、相撲の解説者から音楽批評の極意を授かるのであった。

吉田氏はそれを、次のように述べている。

「勝負を決定する急所というものがあり、（中略）その決定的瞬間をいちはやくとらえ、その重要性を正確に評価できるかどうか、そこに勝負を見る核心があり、ひいては記述の急所がある」

ここでいう、急所とは何か。それは土俵上で起こった動きの中で、勝負を決定付けた、ある特定の瞬間に起こったある特定の出来事を見抜くことなのである。

授業で見るのもこれと同じである。

同じ授業を見ても、技量のある人はそれなりのものを見るし、技量のない人は重要なことを見ることができない。

これを多くの教師は錯覚する。自分が見た授業だから、自分はすべて見えていると思い込む。そして、見当外れの批評をする。

他人の授業を批評するということは、批評した人間も批評されるということなのである。技量が低い人が見れば、一般的なこと、どうでもいいことにしか見えないからである。

私はこのことを、かなり前から意識していた。

私が新卒で赴任した大森第四小学校にいたころのことである。私は七年目で六年生を担任していた。

このころ、新卒の若い先生方がよく私の教室へ授業参観に来ていた。

時には、担任している四年生の子供を連れてきて、四年生と六年生を一緒にして授業をしたこともあった。

授業参観を終えると若い先生方は、そのたびに感想文を書いて渡してくれた。私もその返事を書いた。

時には、若い方々が私の教室で授業をすることもあった。

こうした授業の交流、実践の交流が日常的にされていた。

いつのころからか、私は若い教師の（といっても私も三〇歳の若さだったが）目標にされていた。

感想文にも、幾度となく「向山先生を超えることを目標にします」という文面が見られた。

当時、私は次のような返事を書いた。


超えられるに値する教師かどうか分かりませんが、超えられるに値する教師になるように私も努力します。

私とあなたとの差を、いやというほど示していきたいと思います。

同じ研究授業を見て、あなたが二つのことを見ることができるなら、私は二〇でも三〇でも見ることができるようにします。

同じ現象、同じ場面を見ても、私は貴方とはちがうということを示したいと思います。

教育の技量がちがえば、見えることもちがって当然だからです。

このように努力することが、私を目標と定めて下さった貴方の願いに応える道であると思います。

どうかくじけずご精進ください。

それから「研究授業を見る」ことが、若い方々と私との戦いになった。

「どちらが、どれだけ見ることができるか」が、いつも問われるからである。

一般的な口あたりのいいことを言っているわけにはいかなかった。そんなのは物笑いのタネになった。

どこでも通用するような、つまらないことを言うわけにはいかなかった。そんなのは軽蔑の対象となった。

わるい点がなぜわるいかを述べると共に、よい点がなぜよいのかも述べなければならなかった。

たった一回の授業を見て、二〇も三〇ものことを、論理的に技術的に批評しなければならなかった。

私は、そのころから、授業を見ると相手の人に手紙を書くようになった。多い時は便箋一〇枚分くらい、少なくても五、六枚は書いて渡した。

私はこうして「授業を見る目」をみがいていった。私が書いた授業の感想文は、優に何冊かの本になるほどの分量であろう。

残念ながら、そのほとんどは手元にない。便利なコピーが手軽に使えない時代だった。

しかし、私が書いた授業の感想のいくつかは手元にある。

一九八四年の一二月一日、私は有田和正氏と筑波大附属小学校で立ち合い授業をした。

これには全国から一五〇名もの方々が参観された。大学の先生だけで二〇名近い方々が参観されていた。

この模様は雑誌で特集された。その中で、多くの方々が授業を見ての感想を述べていた。

しかし、授業を見ての感想は見る人の技量の反映なのである。

どのような批評が出るのか楽しみである。

「授業の批評は、見る人の技量の反映である」ことがはっきりするような企画はこれが初めてであろう。「立ち合い授業」が画期的な意味を持っているのは、こんなところにもあると思う。

読者は、「授業者を批評できる」と共に「批評している人間を批評することもできる」

からである。

さて、「授業が見える」ということは、それを構成しているいくつかの重要な技術に分解して説明できるということである。

こういうことをしないで、いくら見たままの感想を言っても「授業が見える」とは言いがたい。「素人のおしゃべり」にしかすぎない。

ここで具体的な場面を示して考えてみよう。拙著『授業の腕をみがく』（明治図書出版）の冒頭に次の文がある。「一時に一事の指示を与える」という章である。


運動会のダンスを年輩の女の先生が指導していた。研究熱心な先生である。

だが、ダンスを踊っている五年生の子供たちの動きはいつまでたってもバラバラしていた。

女の先生は熱心に指導するのだが、子供たちの動きは、指導後もほとんど変化がなかった。

私はかなりイライラした気持ちでそれをながめていた。私もこの五年生担任の一員なのだが、指導の場面へ入り込めなかったのである。女の先生は、五年生全体の指導は自分の使命であるというような意気込みで、指導に当たっていた。

いくつかの曲を合成して、それに「ふり」を付け、その動きを指導するのであるから、フォークダンスの指導、民舞の指導とは、多少異なる面もあった。

それだけに、あれこれ指導せねばならず、指導すればするほど子供の動きがチグハグになっていくのがくり返されていたのである。

女の先生の口調は次第に強く荒くなっていった。強くなるほどに荒くなるほどに、子供たちの動きのしなやかさは失われていった。

女の先生は次のように指導していたのである。

「指の先をもうちょっとそろえてね。それからターンのしかたが曲に合ってないわよ。前の人との間を一メートルぐらいとるのよ。…………」

何と指示した項目は一七あった。教師の私とて、その一七項目すべてを思い出せなかった。

子供は静かに聞いているだけだった。いや聞いているふりをしているだけだった。一度に一七の指示を覚えられるわけがないからである。ましてや、それを行動にうつすことなどできるはずはないからである。

女の先生の「指導」にもかかわらず、子供の踊りは一向に良くならなかった。踊りがだめなので時間を延長することになった。私は申し出て指導をさせてもらった。私は全員を集めて、一つの指示だけを与えた。子供は活き活きとして、一つだけの欠点を直した。また全員を集めて、一つだけの指示を与えた。これもすぐよくなった。一回に一つだけの指示を与えていったのだが、二〇分ぐらいで一七項目全部がよくなっていった。

ここでは「一時に一事の指示を与える」ということを説明している。一回にいくつもの指示を与えてはならない、一回に一つの指示を与えるのが定石であるという説明である。

ところで、私がダンスを指導した場面は、これだけでは説明がつかない。もっと他の技術も使われているからである。

たとえば、ここでは次のような技術が組み合わさっている。

Ⓐ　一時に一事の指示を与えよ。

Ⓑ　指示を与える時は全員を三メートル以内に集めてから言え。
Ⓒ　指示を与える時は、子供の目の高さで言え。
Ⓓ　指示を短くせよ。できたら一五秒以内で言え。
Ⓔ　状態を説明する指示だけではなく、イメージを与える説明を付け加えよ。
Ⓕ　子供がやったことには短く評価を与えよ。

Ⓐ、Ⓓ、Ⓕについては、なぜそうするのか第1章で述べた。

また、Ⓑ、Ⓒ、Ⓔについても、なぜこうするのか私の著作の中で述べてきた。

ここでは、一つの指導の場面に、実はいくつもの原則・技術が組み合わされているのだということを理解していただければよい。

定石を知り、真似をすること、そのくり返しの中で、いくつもの定石を組み合わせて使えるようになる。

6　教育技術の宝庫「教育技術の法則化」シリーズの出版

では、教師にとっての定石はどこで学ぶのか？

これがないに等しいのである。

しかし私は、教師の世界の定石を全国から集めようという運動を展開した。

このシリーズは、一九八五年春に第一期が出版されたが、ここには教師の世界の定石がつまっている。何せ、全国から集めたのである。

定石の宝庫といってよい。

教育技術の法則化運動は全国的に展開されていた。

全国にはすぐれた教育技術がある。が、残念なことに、多くの教師の共有財産になっていない。

理由はいろいろある。

「他人に教えないで、自分だけのかくし財産にしている人」がいる。世に聞こえた著名な実践家でも、「最も大切なこと」はかくしておく人もいるらしい。

また、これはすばらしい方法なのだと自覚していない場合もある。

一番大きな原因は、「他人が追試できるように書かれていない」ということである。すばらしい実践なのは分かる。確かに子供もすばらしい。「では、何をどのようにすればいいのか？」こう聞くと、全くチンプンカンプンになるのである。

「いや、特別なことはしてません」「子供を大切にしているのです」

これでは聞いている方は分からない。聞いている方だって「特別なことはしていない」し、「子供を大切にしている」からである。

どうすればいいのか。

第一に、「すばらしい実践」を支えているいくつかの技術方法を明らかにすることである。

第二に、技術方法を他人が真似できるように文章化することである。

こうすれば、すぐれた技術・方法は教師の世界の共有財産になっていく。

これを全国的にくり広げたのが、「教育技術の法則化運動」である。

この呼びかけは、全国に大きな反響を呼び起こした。寄せられた第一期の論文も九五二本、この種の応募論文としては、おそらく、過去日本一、少なくとも最高クラスということは言える。

その「呼びかけ」の部分をご紹介する。

【第一回投稿論文の募集】

あなたも書けます！

●教育技術法則化の呼びかけ

『跳び箱は誰でも跳ばせられる』という向山式指導法は全国に広がり、何千名という子供が跳べるようになりました。水泳で伏し浮きを教える時、「身体の力をぬいて」というより、「お化けになって」という方が効果があります。

このような教育技術は全国にたくさんあると思います。年輩の教師・退職した教師の中に埋もれてしまっているものもあります。

本企画は、埋もれた教育技術を発掘すること、教育技術を追試・修正して法則化すること、教育技術を広め共有財産化することのために考えられました。

「こんなささやかなことでいいのかな」と思うような教育技術、先輩の教師に聞いたという技術、本で読んだことを追試してみたという報告などをぜひご投稿下さい。教育内容、教育方法、その他教育に関係することなら各分野・各領域すべて結構です。一つの論文で一つの技術・方法を論じて下さい。

お一人で何本投稿されてもかまいません。一つの教材をいくつにも区切ってたくさん応募されても結構です。この企画は年に三回募集の割合で続けます。

ぜひ、多くの投稿をお願いします。

要　項

1　目　的
1全国の埋もれた教育技術を発掘する。
2追試・修正を通して教育技術を法則化する。
3法則化した教育技術を広め、共有財産化する。

2　投稿論文
〔形式〕四〇〇字詰原稿用紙四～八枚
〔第一回〆切〕昭和五九年一〇月二〇日
〔内容〕1教育技術・教育方法にかかわるものならすべて結構です。
2各教科、道徳、各領域、領域外のことまですべて結構です。
3他の教師の追試、本の追試、修正でもかまいません。
（この場合、必ず先行研究者名を明記して下さい。）
4発表・未発表、団体・個人を問いません。

5できるだけ狭いテーマにしてお書き下さい。

6今までの方法より、ほんのわずか効果があるということで結構です。

7「こんなささやかなことでいいのか」ということで結構です。

8「先輩教師に聞いた」ことでも結構です。退職された先輩からどしどし聞いて下さい。

テーマ例

①「立」という漢字の指導
②水泳で水に浮かせる方法
③絵の具は何色から教えるか
④個人新聞の作らせ方
⑤ハーモニカ第一時の指導
⑥かけ算九九の指導方法
⑦集合した時の並ばせ方
⑧「アリの体」の教え方
⑨「かさこじぞう」の五つの発問
⑩学級文庫係の指導
⑪学級経営案の形式、記入例
⑫朝の会・三分間のお話

（以下略）

【教育技術法則化運動ニュースNo.1】

第一期応募論文の結果と
第二期応募のお知らせ

～全国に広がる反響～

◆教育技術法則化の第一回応募論文は九五二本の多数にのぼりました。応募者は、新卒教師から元校長まで、小学校から大学まで、北海道から九州までと広範囲でした。

◆お一人で何本も応募された方もあり、最高は千葉大附属小の根本正雄氏の一〇一本でした。応募数全国ランキング五〇位までを、第一期法則化シリーズの出版物の中で発表いたします。

◆応募論文は水準が高く、すぐに役立つ内容がいっぱいありました。「一枚の紙でポスト作りができる」「新学期五日目までに指導すること」「二時間楽しめるバスの中のゲーム」「短い詩で一時間の授業ができる」「誰でもできる逆上がりの指導法」「かけ算九九指導の順序」「楽しい理科実験の工夫」「集合した子供たちを三〇秒で静かにさせる方法」「社会科資料活用能力を育てる指導方法」「黒板の消し方・使い方」「保護者会を成功させる方法」……。どれもこれも、「すぐにやってみたい」というものばかりでした。

◆内容の一部を、公立校の研究会、組合の研究会、附属小の研究会、大学の文化祭等でご紹介したのですが、およそ八割ほどの先生方から「仲間にも広く知らせたい」という反響を得ることができました。

◆なお、応募論文の審査を続けていますが、およそ四〇パーセントほどが入選の見込みです。しかし、入選以外にもすばらしい論文が多く、「残りの四五パーセントほどを保留」として次回に持ち越す予定でおります。つまり応募論文の八五パーセントが入選と保留になります。

◆第一期の一二冊は、一九八五年四月頃に出版予定です。多くの方々に参考にしていただくために雑誌形式で、一冊あたりの定価を安くするつもりです。

（以下略）

第4章

新しい教育文化の創造

1　「授業分析・授業解説」の力を付ける

自分の授業がうまくいく場合がある。では、なぜうまくいったのか、どこがよかったのかなど、明らかにしようとすると、わけがわからなくなる場合が多い。「何だか分からないけどうまくいった」という感想は意外と多い。

他の人の授業を見ていても同じである。「とてもよい」と思える時に、どこがどのようによいのか説明できる人は少ない。研究授業の後などにいろいろな人が授業の感想を語るが、本当に的を射ている人は少ない。

野球の場合、相撲の場合などを考えればいいだろう。テレビ放送に解説者が必要なのは、プロでなくては見ることのできない部分があるからである。素人の目が見のがすところをプロの目は見のがさないのである。見のがさないのみか、それを分析し解説してくれる。

授業にも「授業解説者」が必要だと私は思う。

今までの研究授業は「授業者」がどうであったかを問題にしてきた。これからは、同じ授業を見て誰がどのような意見を述べるのかという「授業分析・授業解説」をこそ問題にすべきだと思う。いくら研究授業をしても、素人の目から見たおしゃべりだけでは、あまり得るものはないからである。

「授業分析・授業解説」の力を付けるのは、それをする力のある人にマンツーマンで学ぶのが一番よい。しかし、いつもそんな人が身近にいるとは限らない。

そこで、「授業を分析する力量」「授業を批評する力量」を身に付けることが大切になる。この技量が身に付けば、研究授業を参観していても多くのことを学べることになる。自分の授業を反省していても得ることが多くなる。この力量が身に付いていないと、何をどのように分析していいのか分からず、授業の分析も、とにかく目についたことを格好を付けて述べてみる、という程度のことになりがちである。研究会では、そっぽを向いたような授業の感想を述べて得々としている人が多い。

では「授業を分析する力量」をどうやって身に付けたらいいのであろうか。

問題は、「授業を分析する力量」を身に付ける方法である。方法はいくつかある。

たとえば、同じ授業を見て何を分析したのか他の教師と比べることである。この場合、当然ながら、自分が尊敬できる教師と比べるのがよい。また、できたら文章にして比べるのがよい。「話し合う」ということでもいいが、文章で比べることより効果は九割以上減じるであろう。このような教師が身近にいれば問題はないが、まずいないと考えた方がいいであろう（「話し合ってくれる」教師はいるかもしれない）。

また、私がしたように、授業を見た時の感想を詳細に書いて授業者に渡すというのも一つの方法であろう。時間はかかるが、授業を分析する力量は着実に付いていく。しかし、この方法は一〇年、一五年と年数がかかることが難点である。

もっと他によい方法はないものか？　それがある。それも、とびっきり上等の方法である。ＴＯＳＳランドに授業や指導案を登録することである。

毎日の教師生活の中で、「これはうまい方法だなあ」ということを見たり、体験したりすることがある。

「今日の授業は、今までに比べてうまくいった」と思えることがある。

そこには、何か今までとちがった点があるはずである。だから、今までよりうまくいったのである。それを授業コンテンツや指導案としてまとめる。

ところでＴＯＳＳランドのコンテンツは、「他の人が読んで真似ができること」、つまり「追試ができること」を条件としている。「この方法でやればこうなります」という研究報告の文章が中心なのである。「私はこのように一生懸命やりました。子供はこのようによくなりました」という実践報告の文章と異なる。

「研究報告の文章」と「実践報告の文章」は教育の世界では混同されてきた。両者は明白に異なるのに、同じように見られてきたのである。

各学校では「研究紀要」が毎年のように発行される。「研究紀要」「研究報告」の冊子でありながら、書かれているのは「実践報告の文章」である。まず、九九パーセントの研究紀要がそうである。「研究の文章」なら、他の人が追試できなくてはいけない。「研究報告の文章」は、「薬の効能書き」のような面を持っている。「毎食後三〇分、大人は三錠」などという表現は誰が読んでも同じように行動することができる。「実践報告の文章」は、「随筆」みたいなものである。書いてあることは心情としては分かる。しかし、「何をどうすればどうなるのか」という点がさっぱり分からない。

さて「これはうまい方法だな」「今日の授業は今までに比べてうまくいったな」と思えることを論文に書こうとする。パソコンに入力しようとする。原稿用紙を前にして、筆を執ってみる。そこで、はたと困る。

書くことがないのだ。書く前までは、つまり頭の中でまとめていた時はいろいろと書くことがあるように思えた。ところが、いざ書くとなると、書くことがない。今まで「あれを書こう」と思っていたことが、霧の中に逃げてしまう。「確かなこと」と思えたことが、いかにあやふやなことであったかと思い知らされる。

センスのよい教師は、そこで悩む。

「いったい自分は今までの一〇年間、何をやってきたのか?」「自分が今まで自信を持ってきたこと、他人の前でしゃべってきたことは一体、何だったのか?」

これは論文を書き出した教師のほとんどの人が悩むことである(悩まない教師が二割ほどいる。一割は、すでに雑誌論文、研究論文、著書などを多く出されている人である。一割は「研究論文」と「実践報告」を混同したまま書いてしまう人である)。

「自分には書くことがない」という深刻な悩みに当面する。

しかし、本当は書くことはある。

教師を何年もしていれば、書くことの一つや二つは誰でも持っている。悩んでいるうちに書くべきことがもう一度おぼろげながら浮かんでくる。しかし書き方が分からない。そこで、今までの慣習で「この授業の目標・ねらい」を書き出す。しかも、長々と書き出すのである。

ところが、TOSSランドの指導案・授業コンテンツなどは「目標・ねらい」を重視しない。

理由は二つある。

一つは、「目標・ねらい」を長々と書くと、かんじんの「うまい方法・技術」がぼやけてしまうことである。「うまい方法・技術」がはっきりと分かるように書いてほしいのである。

一つは、「方法・技術」は、あくまでも「方法・技術」にすぎないからである。

それを使って成果を上げるのは、使う教師自身だからである。「方法・技術」に生命を与えるのは、それを使う教師なのである。

たとえば、「向山式跳び箱指導法」には、「目標・ねらい」は書いてない。それを使って「跳べない子を跳ばせる」という目標を達成させるのか「全員にやればできることを理解させる」のか「体育を好きにさせる」のか、それは「向山式跳び箱指導法」という技術を使いこなす教師が考えればいい。

だからTOSSランドの指導案・授業コンテンツでは、これが最もよい方法ですという推薦をしない。

効果がある方法ならA、B、C、D、Eというように五通りでも六通りでも取り上げる。

その中からどれを選択し、どのような生命を与えるのかは、読んだ教師が主体的に考えればいい。この点で、今までの民間教育運動とTOSSランドの授業づくりは異なる。今までの民間教育運動は、一つの方法、一つの方式を宣伝し広めるものであった。たとえば「一読総合法」を研究するところは、それだけやって他の方法を取り上げることはなかった。

再度言う。私たちの指導案・授業コンテンツでは「目標・ねらい」を重視しない。

あくまでも「何をやったら、どうなるのか」というポイントだけを問題にする。

それなら何を書けばいいのか。ここでまた、困る。しかし、こうやって困っているうちに、授業のどこの部分が大切なのかが見えてくる。

ＴＯＳＳランドにコンテンツをアップしていく教師たちは、法則化論文時代と同様に「やっと授業の見方が分かってきました」「授業が見えるようになりました」「何が大切なのか分かってきました」というようになってきた。

さて、ＴＯＳＳランドの授業コンテンツ・指導案作成のポイントは何か？

二つに分けられる。

一つは発問・指示である。
一つは留意事項である。

このことが明瞭に示されなくてはならない。

たとえば、かつて二年の社会科では乗り物で働く人を扱っていた。そこで電車の車掌の仕事を教えるとする。

どう問えばいいのか？


電車の車掌さんはどんな仕事をしていますか？


これは素人の問いである。こんな発問で、授業が盛り上がることはない。

私はこの発問を大学の講義の中で、学生、大学院生、現職教師に考えさせてみた。ほとんど全員不合格である。かろうじて合格が一名、法則化運動に数十本の応募論文を書いた千葉の高徳氏であった。

「どんな発問をするのか」というのは大切なことである。「テニヲハ」一つちがうことが許されないほど重要なことである。

ところが、多くの教師は一回発問して子供が反応しないとすぐに言いかえる。自分では同じに言っているつもりである。だが、言いかえると前の発問と必ずずれが生じる。ずれが生じる割合は一〇〇パーセントである。

だから、発問を言いかえることをよくやっているという教師は、それだけで「大したことがない」「アマチュアクラスである」と言えるわけである。

プロは、たった一つの発問をさがすことに力を注ぐ。だから、めったなことでは言いかえをしない。するのはよほど困ったぎりぎりの場面である。アマチュア程度の授業を研究しても、あまり得ることはない。授業の骨格がフニャフニャだからである。

雑誌の論文で、その人がどういう発問をしたか、どう書いてあるかでその人の技量が推定できる。授業を分析する力量は、このようにまず発問に注目することである。それも厳密にである。

さて、電車の車掌の場面のよい発問はいろいろあるが、たとえば次のようなものもその一つである。

発問　むかし、電車の車掌さんは笛を鳴らしました。誰に聞かせたのでしょう。

社会科教育で少し腕のある教師なら、このように発問するはずである。

さて、発問だけではまだ授業が見えてこない。次に何をするか。子供たちに意見を言わせるのか、それとも班で話し合わせるのか、あるいはノートに書かせるのか。

私なら次のようにする。

指示　「○○に聞かせた」とノートに書きなさい。

これで次にやることは分かった。しかし、まだ明瞭ではない。どのくらいノートに書かせるのか。一時間ずっと書かせているのか。

そこで、留意事項が必要となる。

留意事項　およそ一分後にやめさせる。(机間指導をして書けない子を個別指導する)

これで明瞭になってきた。では次はどのようにするのか。

指示　発表したい人、手を挙げなさい。(六名発表させる)

このように書いてくると、どうやるのかがはっきりしてくる。

子供の意見は「運転士に聞かせる」「お客に聞かせる」の二つに分かれるはずである。それぞれ理由を言わせる。大論争になる。次までに調べてみようというようなことになっていく。

ここに書いたことが、授業を分析するポイントなのである。「一分後」「六名」などは、当然ながら意味を持っている。論文を書いていると、このポイントがだんだん見えてくる。

もちろん、教科ごとにいろいろな場面があるから単純にはいかない。

しかし、「うまくいった方法」「見ていてすばらしいと思った授業」をこうやってまとめていくうちに、「授業を分析する技量」が身についてくる。

教育技術の法則化論文や教育トークライン論文などを一〇本程度書いた人なら、雑誌論文の中の、どれがよくてどれがわるいのか、ぼんやりと分かってくるはずである。

力のないうちは、雑誌論文はみんな同じように見える。

しかし、本当は玉石混交なのである。自分に力がないから見えないだけである。

指導案の見方も同じである。一年間の内地留学をするぐらいの人なら、あるいは指導主事、附属小の教師をするぐらいの人なら、「指導案」の見方はできる。一枚の指導案を見て、一時間でも二時間でも話すことができる。

さて、そのくらいの力のある人が、研究者の研究論文の良し悪しがよく分からない。それでも、自分の著書が三冊ぐらいある人なら、研究論文のどこがよいかわるいかは、区別がつくようになる。このように、どれだけの技量を持っているかで見方がちがってくる。

作家が「私は夏目漱石だけを初めのころは読んでいた」というようなことを言うが、これは意味のあることなのである。

センスのある人は「目につく論文」が気にかかるものだし、当然その人の論文を追いかけるものだからである。

現在、第一線で活躍する年配の教師は、斎藤喜博の文章を追いかけた人が多くいるはずである。

さて、「自分の書く力」それも「授業を分析し表現する力」を育てるためには、TOSSランドの指導案・授業コンテンツづくりに取り組んでいくとよい。これらのコンテンツには、「第一位、第二位」などという序列をつけない。そんなことをねらいとしているのではない。TOSSランドに登録されるか否かである。登録の基準は明確で、「他の人が真似をできるかどうか」「今までより一パーセントでも効果があるかどうか」である。

かつて教育技術法則化シリーズ論文は五千本、二万本と応募がなされ、その中からすぐれた実践が一二期一二〇巻以上として発刊された。日本の教育史上、最高クラスの応募数であり、いかに反響が大きいかを物語っている。新卒教師から退職校長まで幅広かったが、中心は三〇歳前後の青年教師である。

そしてその法則化シリーズの内容をさらに厳選し、「日本教育技術方法大系」全一五巻(向山洋一・TOSS編集委員会編)としてまとめた(もちろんこの大系からもTOSSランドコンテンツに多数アップされている)。

これを教室でぜひ役立てていただきたいと思うが、それと共に、これからはTOSSランドのコンテンツづくりに取り組んでいただきたいと思う。それが自分の力をみがいていく重要な方法だからである。

2　教師の共通問題への挑戦

自分でうまくいった場合、他の人を見てすごいなと思った場合、それを文章に書くということが、教育の技量を上げる方法なのだということを述べた。

世の中には、埋もれた、ちょっとした方法がいっぱいある。ぜひ、みんなの力で全国から掘り起こしたいと思う。

ところで、「こうやるとうまくいく」という方法がある反面、「どうやったらいいか分からない」という場合もいっぱいある。

「どうやったらいいか分からない」という教師共通の問題に挑戦するのも、私たちの大切な仕事である。

たとえば跳び箱の開脚跳びができない子は、向山式指導法でほとんどができるようになる。

私は毎週、毎週、全国から「私にもできました」という便りをいただく。

立川聾学校の先生が、聾児に実践してその効果のほどを語ってくれたこともある。

北陸の附属小学校で「どうしたら跳べるようになるのか」という子供の質問に答えて、校内テレビ放送で流し、効果があったという話も聞いた。

全国各地で様々な形で実践が展開されている。

そこで私はよく尋ねられる。

「逆上がり」ができるようになる指導法はありませんか、と。

実は、逆上がり指導法はほとんどないに等しい。

部分的な指導法ならある。

たとえば、ボールを鉄棒の上にくるようにつり下げて、これをけるように足を振り上げてごらんなさいとか、ひもで鉄棒と腰を固定してまわすとか、教師が子供のうしろに立って、先生の顔を見ながらまわりなさいとかいう方法である。

これらは、どれもそれなりにすばらしい技術であり、多くの教師の努力の結果である。

私が「逆上がりの指導法がない」というのは、「どの方法をどのくらいやれば、何割くらいの子ができるようになるのか」ということが明示されていないからである。

まがりなりにも、初めて本で紹介されたのは(紹介者は私だが)、愛知県の飯田勝己氏が開発した方法である(と思う)。

まず飯田氏の指導法を紹介する。

飯田氏は名古屋大学の安彦忠彦氏の研究会の一員であり、次頁の指導法は、私ども京浜教育サークルと安彦グループの合同合宿で提案されたものである。

逆上がりのできない子の指導について
段階別台付き鉄棒の指導を通して——

岩倉市立岩倉東小学校　飯田勝己

(1)　段階別台付き鉄棒について

逆上がりのできない子は、次の二つの点に原因があると思う。

・踏み切る足と振り上げる足のタイミングがとれない。
・腕をまげ、腰を引き付けることができない。

この二つの原因を解決するには、台付き鉄棒は有効である。つまり、

(イ)　踏み切り板をかけ上がるように足をけり上げることにより、踏み切り足の位置や踏み上げる足の方向、タイミングをつかむことができる。

(ロ)　斜めにせり上がった踏み切り板により、腰が鉄棒から離れるのをふせぎ、腕を

まげたまま腰を引き付けることができる。
しかし、台付きで逆上がりができても、台なしだと、できなくなる子が多い。
そこで、次の図のような段階に分け台付き鉄棒を行う。

段階別台付き鉄棒は、台付き鉄棒に比べ
・ある段階でつかんだ上述の(イ)(ロ)のタイミング（感覚）を、次の段階に生かしやすい。
・自分の進歩を段階ごとに実感でき、意欲的に取り組める。

(2) 方法と実践結果

逆上がり（片足ふみきり）において、腕の筋力がどの程度必要であるか、調べるため、指導前のけん垂力、うんてい能力、成功後のけん垂力、うんてい能力とを比較した。

・対象学年　六年生　男子四人　女子四人　計八人
・練習時間　一日一回　二〇分ぐらい
・練習期間　一〇日間（教師は一緒にいる）
・練習方法　（けん垂・うんていを検査）

←第1段階　三回続けてできた。

←第2段階　三回続けてできた。

←第6段階　成功　（けん垂・うんていを検査）

「できない子は前にもどらせる。鉄棒上にボールなどを持ち『このボールをけるように』などとアドバイスをする」

(3) 実践結果

名前	逆上がり成功日数	けん垂 前	けん垂 後	うんてい 前	うんてい 後
男子1	二日	C	C	A	A
男子2	二日	C	C	A	A
女子1	四日	E	D	C	C
男子3（肥満児）	六日	E	E	E	D
男子4（肥満児）	六日	E	E	C	C
女子2	七日	D	D	C	C
女子3	（第一段階ができず）	E		C	
女子4	（〃）	E		E	

〈記号〉

・けん垂

A　けん垂ができる
B　鉄棒に目まで届く
C　鉄棒に頭まで届く
D　腕が少しまがる
E　ぶらさがるだけ

・うんてい

A　最後まで進める
B　五、六歩　〃
C　二、三歩　〃
D　一歩　〃
E　ぶらさがるだけ

その他　四年生　六人↓五人成功、一人できず（七日間）
　　　　二年生　五人↓三人成功、二人できず（四日間）

飯田式の練習方法はかんたんである。

図のような練習装置を作り、毎日二〇分ほど練習する。連続三回できるようになったら一段階すすむのである。

これで、ほぼ八割近くができるようになる。

教育技術の法則化運動の中で、この方法が取り上げられ、全国的に追試がされた。

確かに効果がある。

今までのように「とにかく、がんばりなさい」というのに比べれば画期的な方法である。

しかし、この方法だけでは不十分なところがある。次々と改良も加えられている。やがて、よりよい方法が作られるであろう。

しかし、原型は飯田式であった。ここから出発したのである。

根本正雄氏（NPO TOSS体育代表）は、この方法を追試し、大切な配慮事項として次の三点を加えられた。

一、練習は毎日やること。
二、教師がついていること。
三、教師はたえずはげまし続けること。

飯田氏の示した方法にこれが加わるなら、ほぼ全員をできるようにさせることが可能だと言う。

事実、全国で次々と「全員を逆上がりさせた実践」が生み出されている。

東京都府中市の石岡房子氏もその一人である。飯田氏の方法で一人をのぞいてクラス全員が、逆上がりができるようになった。

ところが、残り一人がどうしてもできない。その子の転校の日が来てしまった。

だが、教育というものは、ドラマ以上にドラマ的である。

どうしても逆上がりができなかったその子が、転校する日についにできたのである。

それを石岡氏は学級通信で報じた。

みんなにこにこ
東京都府中市立本宿小学校
3年2組　学級通信
No.193　1984・12・25　石岡

拍手なりやまず……　鉄棒の前は騒然

今日で、小林貴子さんが、埼玉の方へ転校するのです。今まで、逆上がりの練習をしてきていた貴子ちゃんが、もし、今日できなければ、できないまま転校しなければならないのです。

なんとか、逆上がりができた！　という感げきを持って、埼玉の方へ送り出してあげたいと思っていました。

でも、もし、できなかったらどうしよう……心に〃できない〃という傷を残したまま、送らなければならない……。迷いに迷った末、やっぱり決断を下しました。

みんなで、お別れ逆上がりをしよう！　と……。できたら、それでものすごいし、できなければできないで、〃お別れ逆上がり〃ということで、みんなで楽しんでしまえばよい、と思いました。

教室で「今日の日はさようなら」のうたをみんなでうたいました。かばんも、コートもみんなもって、鉄棒の前にあつまりました。鉄棒から1メートルぐらいは、まだ、こおっていました。霜がとけてぐちゃぐちゃしていないのも、幸運でした。

みんなで逆上がりをしました。終わった子どもたちは、自然と、小林さんのまわりに集まりました。

「ターちゃんがんばれ。」

「できるよ。」

「ぜったいできるよ。」

「ようし！」と小林さんは意気ごみを、体中であらわしていました。その時私は、

「あっ、できる！」

と思いました。直感でそう思いました。

ターちゃんの足が、「くるっ！」とまわって、できたのです。

逆上がりができました。みんなは一斉に
「わあー。」

「できた。」

「すごい!」

「よかったね。」

と口々にいいました。拍手がおこりました。大さわぎです。

そのうちに、

「アンコール、アンコール」と声をそろえて叫びはじめました。拍手と「アンコール」のかけ声は、校庭中にひびきわたりました。

にこにこしていた小林さんの顔に、もう一度緊張が走り、再び挑戦しました。

「できた。わあー、おめでとう、すごいね、ターちゃん」

まわりの子ども達も、小林さんも、にこにこしていました。

もう一度やりました。連続三回、逆上がりができました。小林さんにとっても、クラスの子ども達にとっても、わすれられないでき事になるだろうと思います。

「先生、よかったね。」

「まぐれじゃないよね。」

「ターちゃんもがんばったね。」

みんな満足して、ピロティにならびました。みんなで、

「小林さん、さようなら、おげんきで」

といって握手をしました。さようなら。これをバネに、小林さんも、向こうの学校でがんばってください。

子ども達を送って、階段をのぼりながら、熱いものがこみ上げてきました。ドラマというのは、待っていても起こらないのです。

何かを演じ、何かを行動にうつしていかなければ、感動は得られないのだなあ……そんな感慨をかみしめて階段を上りました。

〜・〜・〜・〜・〜・〜・〜・〜・〜・〜・〜・〜・〜・〜・〜・〜・〜

ここにも、一つの技術を基盤にした教育のドラマを見ることができる。

「教育は技術じゃない」と法則化運動の批判者は言う。そのとおり。教育は技術ではない。それがすべてではない。教育イコール技術ではないからだ。しかし、「教育は技術でもある」。教育をする時には、必ず何らかの技術の支えがある。

すぐれた教師は、多くの技術を身に付けている。

だが「しっかりとした技術」は、まだまだ少ない。

「逆上がりのできない子への指導法」も、解決すべき問題である。

教師全体の共通課題なのである。

このように、「教師全体が解決すべき課題」ということを意識して、その解決に取り組んでいくことも、教師全体の技量を上げる上で不可欠のことである。

3　新しい教育文化の創造

教育技術の法則化は、二一世紀へかけての教育文化の創造であった。

いかなる時代も、それを共有する同年代の文化を持つ。

一九九〇年、「青春時代」の歌に胸をときめかす人々と、「大阪しぐれ」に哀愁を感じる人々とは、年代が異なる。

人は、一〇代から二〇代にかけての、最も活動的な時期に流行した歌をひきずって歩く。

歌手は、その時代のロマンの体現者である。歌手は、長い間歌っていれば前よりも歌は上手になっていく。歌は上手になっていくにもかかわらず、はなやかな舞台から消えていく。

これで当然なのだ。歌手は歌がうまいから世に出るのであるが、しかしそれだけで人々に受け入れられるのではない。一つの時代のロマンの体現者だからこそ、受け入れられるのである。

それを受け入れる人々は、若い世代である。古い時代には、古い時代の歌がある。

だから年配の人は言う。「このごろの歌はちっとも分からない。昔の歌はとってもよかった」

これでいいのである。それぞれの時代には、自分たちの文化がある。

だが、本当は自分の時代の文化を共有できるということは幸せなことなのだ。時に、自分の時代の文化がない時もあるからだ。

教育にも、それぞれの時代の文化がある（はずである）。「コア・カリキュラム」に情熱を燃やした時代、あるいは「学級革命」をはじめとする青年教師の真剣でのびやかな教育実践の時代、それぞれの時代にはそれぞれの教育文化があった。

そして今、私たちの時代が共有する教育文化は何であろうか。

残念なことに、私たちの時代が共有すべき教育の文化が見当たらないのだ。だが、教育技術の法則化運動は、二〇世紀から二一世紀にかけての教育文化の創造の中心になったのだと思う。

この運動は、「子供にとって、より価値ある教師になりたい」という教師の願いを、「今までのすべての実践・研究」の総和の上に組み立てていこうとする仕事だからである。

この運動は、当時の青年教師の、最も教師らしい部分におけるロマンを具現化しようとする運動だったからである。

一九八五年元旦、新潟県の青年教師、遠藤信春氏は、次のようなガリ版刷りの年賀状を送ってくれた。

雪が降り続いています。屋根の上でスコップをふるって生活しています。そんな中で「法則化運動」「立ち合い授業」のことを想い起こしています。ロマンある年でした。

今年もロマンを追い続けたいと思います。

新潟県越路町　遠藤信春

同じく、東京都府中市の石岡房子氏からは、次の文で始まるガリ版刷りの年賀状をいただいた。

昨年始まった教育技術法則化運動は、私にとって、人生観・教育観・教師観・児童観を変革させられた意義ある運動でした。

二学期の終業式の日、埼玉に転校してしまう子が「飯田・根本式逆上がり指導法」で、きれいに逆上がりが成功しました。

生まれてはじめて逆上がりができた感激をかみしめて、転校していきました。……

ガリ版刷りされた印刷物に私は注目した。ガリ版刷りというのは、頑固で気迫ある心構えを示している。自分自身のこととして創り上げようとする姿がここにはある。

一つの教育文化を創造しようとする、ロマンに満ちた気迫ある心構えがここには存在する。きっと、このような青年教師は急速に増えていくだろう。

また、私は各地の校内の研究の中で、私の主張が引用されているという便りもいただくようになった。

校内の研究物に私の文を引用することはかんたんなことではあるまい。新しい主張というのは、今までの古い主張をある部分で否定する。だから必ず「まさつ」を伴う。

もちろん「まさつ」は少ないにこしたことはない。スンナリと理解していただけたら、それにこしたことはない。

しかし、それは無理だろう。

たとえば、研究では「名門」といわれる東京の小学校の教師から、次のような便りをいただいた。

「研究のまとめ」が大変参考になり、本校の研究のあり方に、研究推進委員として感想を述べましたところ、理屈にならない理屈で切られてしまいました。

でも、へこたれずにがんばっていきます。

先生の授業研究の観点三つも引用させていただき、引用文献としてお名前をお借りしました。

これさえも（名前は）いらないなどという人間がおり、「それなら全部取り下げ削除するから」と申しましたら、ようやく承知といった次第です。

世の中、誠実な人は少ないと改めて考えさせられました。

私の研究における三つの観点とは、次のことである。

一、研究主題は狭く限定せよ。
二、結論は研究主題と対応させよ。
三、実践例は、結論を支えるもの、根拠となるものを示せ。

この程度の枠組みができていなければ、それは研究とは呼べない。

この部分を引用し、引用文献を挙げようとしたら「いらない」と言った教師がいたらしい。

この学校は、東京都でも「研究が熱心だ」ということで有名な学校である。そこの研究推進委員をしている教師の中に引用したらそれを示すという「研究のイロハ」を知らない人がいるのに驚く。引用を示さなければ盗作であり、犯罪行為である。この手紙をよこした人が「すべて削除します」と言ったことは当然である。

引用文献を示すことは、研究した人間への礼儀などというものではない。そんな人間くさいものではなく、もっとクッキリとした意味を持つ。

「引用した文献」を示すことによって研究は連続性を持ち、発展を保障される。責任の所在も明確になる。どこからどこまでが誰の主張で、どこからどこまでが誰の研究なのかがはっきりとする。このような自覚なしにすすめている研究は、研究などと呼べる代物ではない。体裁をとりつくろった出来の悪い作文にすぎない。

私たちが求めているのは、このようなニセモノの教育文化ではない。誠実な実践と熱意ある研究に基づいた嘘のない研究である。しかも、他の教師が読んで追試ができる、真似ができる文章で表現された研究である。そういうものなら、今までよりたとえ一パーセントの効果しかないというものでもよい。

多くの教師が追試をする。他の教師が工夫を加える。こうやって、みんなの手で「確かな技術・方法」が創り上げられてくる。

私たちは、研究もどきにウンザリしているのだ。体裁をとりつくろった嘘の作文にいやけがさしているのだ。たとえ、ほんのわずかでもいい、そこに真実なものがあるならば、それを掘り出し育てていきたいと思っているのである。

また、私は名古屋の岩下修氏から、次のような年賀状をいただいた。

この一〇年間、各地の実践を学びました。

授業もたくさん見ました。

民間団体の大会にも毎年のように参加しました。

教育書も手当たり次第に読みあさりました。

しかし、自分の実践は、むしろ数年前の方がよかったのではないかと悩む状況になってまいりました。

何とかしようと思い、さらに学びました。しかし……。このくり返しの中で頭の中はゴタゴタになってきていました。

向山先生にお会いして、このゴタゴタがすーっと整理され始めました。

「発問」と「指示」に絞って授業を考えるようになり、授業の構造が単純に見えるようになってきました。

「技術・技能論」を意識するようになり、努力すれば自分も力が付くという実感が持てました。（後略）

一〇年間も熱心に研究会に参加をし、本をむさぼり読むような努力をしながら、なぜ、頭の中がゴタゴタになってしまうのか。

もちろん、教育というのはやればやるほどむずかしくなるという面はある。

しかし、岩下氏が言っているのはそんなことではない。「努力しても努力しても数年前の方が良かったと思えてしかたがない」と言っているのである。

> 教師としての技量を身に付けるのには、このような方法で努力をしていけばよいということがないのである。

誰だって、技量のある教師になりたい。「どうすればいいのか」と尋ねたい。

しかし今までの答えは次のようなものだ。

「自分で苦労して身に付けるものだ」

「他の教師から盗むものだ」

「本当に、むずかしいですよね」

これでは、何をどうしていいのか分からないではないか。

何も名人、達人になりたいというのではない。毎日教えている子供たちに、さすがプロの教師だ（自分の先生はすごい）と受け取られる授業をしたいのである。

また、「子供を産んで育てている」女の先生はもっと深刻だ。「子育ての時期は鬼とも取っ組む」と言われるぐらい忙しい時期だ。本を読む時間もまともにはない。時間がない、子育ての時期の教師にも受け入れられるような、役立つような本が必要なのである。

子供にとって価値ある教師になりたいという若い教師の願い、鬼とも取っ組む子育ての時期の教師の願い、こういう願いに応えようとしたのが、教育技術法則化運動であった。

この運動に対する批判は様々出てきた。とりわけ三五歳以上の男の教師からが多かった。

その際大切なのは、批判する人々はこうした教師の願いに応える「代案を示せ」ということなのである。「代案」も示さない単なる文句は、私たちは相手にしたくない。

もちろん、単なる批判も大切である。いかなる文化の創造も、古い側からの批判をのりこえて作られていくからである。

だが、私たちは「教育技術の法則化」、さらには「ＴＯＳＳ」という研究と実践そのものを創り上げることで、批判に応えていきたいと思う。

教育技術の法則化運動は、その後完結した。同じ時代に生きる教師の共通のロマンの具現化である。

その後完結した「日本教育技術方法大系」は、私たちの次の次の世代への貴重なる遺産となるだろう。そして現在ではＴＯＳＳランドに登録されている二万数千にものぼるコンテンツの数々。

それらを分析し、ろ過する仕事は次の世代がやってくれるだろう。

教師の研究は、幾世代にもわたって伝えられていく。

私たちの世代は、私たちの世代がやるべきことを、しっかりとやっていけばいい。

結論を示す。

授業の腕を上げるためには、定石化された教育技術を身に付けることである。定石は今までの多くの教師の努力の総和である。しかし、定石化された教育技術は少ない。

教育技術の法則化運動は、全国の教師の力ですぐれた教育技術を法則化していこうとする運動であった。全国から応募された論文をまとめ、書籍化する。

このようにして、教育技術の法則化運動は、「全国のすぐれた教育技術」を法則化し共有財産化するという目標を持つと共に、教師の技量を向上させていくという役割を果たしてきた。

これは、子供にとってより価値ある教育をしたいという教師の願いに応えたものである。

この運動は、二〇世紀から未来に向けて、同時代を共有する教師たちの教育文化を創造してきたが、さらに、その運動はＴＯＳＳに引き継がれた。

まさにこれは、教師の課題への挑戦であり、教師のロマンの追求なのである。

一人でも多くの教師が参加をされることを呼びかける。

> 子供にとってより価値ある教師になることをめざし、ともに私たちの時代の教育文化を創り上げよう。
>
> 向山洋一

解説

読む年代によって、その時々の自分に必要な情報が浮き出てくる本

玉川大学教職大学院教授　谷　和樹

『授業の腕をあげる法則』を私が初めて読んだのは新卒一年目です。この本に書かれているのはすべて自分のことだと思いました。

『授業の腕をあげる法則』には即効性があります。「一時一事の原則」「全員の原則」等、読んだ次の日に少し意識して使ってみただけで、子ども達の動きが不思議なほど激変しました。「一気読み現象」と当時言われた状態に私もなり、向山氏の本を毎晩一冊ずつ読破していきました。

法則化サークルに入り、セミナーに出かけるようになりました。すべてが変わりました。「授業の腕」だけではなく、教師としての生き方そのものが根底から変わったように思います。現在の自分の教師人生に影響を与えた大半は、『授業の腕をあげる法則』等、一連の向山氏の著作からスタートしています。

あれから三〇年たちました。今でも、私はこの本を繰り返し読み続けています。読み取れる情報は、読む側の力量に規定されます。

例えば、趣意説明の原則のなかで、号令と命令と訓令との違いを向山氏は示しています。新卒時代の私は、それを知識としては読み取っていました。

「教室をきれいにします。ゴミを一〇個拾いなさい。」

この指示もマネしていました。

でも、それだけだったと思います。自分の教室で、この三つの違いを意識して使いこなすことはできませんでした。

たとえば号令です。号令で子どもを動かせるのは、①「教師の声の届く範囲」に子どもがいて、②教師が直接陣頭指揮をしているような場合です。

「全員起立。」

「教科書を出しなさい。」

「三回跳んだら集まりなさい。」

これらはみんな号令です。

一番簡単で単純なように見えるのですが、号令で子ども達をスムーズに動かすのは簡単なことではありません。

「この先生の指示に従って動くと、心地よい」

このような、ある種教師を尊敬するような感覚を子どもが持っている状態で指示できることが必要なのです。そのためには、「一時に一事の原則」「簡明の原則」「全員の原則」「空白禁止の原則」など、いくつもの原則を使いこなす技量も同時に必要です。つまり、号令で子どもを動かすというのは、教師の統率力が高いということが前提なのです。

命令と訓令は、それよりもさらに難しくなります。

命令で動かすのは、基本的に「見にいける範囲」までに子どもがいる場合です。訓令で動かすのは、それより広い範囲まですべてです。たとえば、「教師が出張で一日いない」ような場合も含まれます。

「次の討論の準備をしておきなさい。」

これだけで自習が成立するならそれはプロの教室です。

また、人間の集団は適切に組織されていなければ動きがとれません。組織の根本原理は二つあります。一つ目は「集団を区分する」ことです。二つ目は「だれもが一人からの命令で動けるようにしておく」ことです（大橋武夫『統率学』）。

二つ目の原理を教室におきかえて分かりやすく述べているのが、向山洋一氏の「全員の原則」です。

あの先生とこの先生とで、言うことが違えば、集団は崩れます。①一人の教師の、②同じ一つの指示で、③全員が、動けるようにしておく……。だからこそ、一人一人に別の指示を出してはいけないのです。

こうしたことに私が気づいたのは、四〇代を過ぎてからだったと思います。『授業の腕をあげる法則』は、読むたびに違う発見があります。読む年代によって、その時々の自分に必要な情報が浮き出てくるかのようです。

それでは、こうした原則のいくつかに向山氏自身が気づいたのは、いつ頃のことでしょうか。それは、おそらく教育実習生の時です。一九六七年の実習日誌に「意味(内容)が全員に徹底しないと、必ずもたつく」という記述があります。教師の授業を参観していて、この「もたつき」に、当時実習生だった向山氏が気づいているのです。

その後、新卒一年目で「子どもの質問に個別に答えてはいけない」ということを向山氏は直感したと言います。天才としか言いようがありません。

この本は教育史上最も売れた本ですが、もっともっと多くの先生方に読んで欲しいと思っています。

「目から鱗」で終えない読み方が大切である

石川県公立小学校　石坂　陽

『授業の腕をあげる法則』に出会い、私の授業は一八〇度変わった。

新採用時の頃。私は授業が下手だった。授業アンケートでは、学級の三割の子どもが「授業が分かりにくい」と回答していた。学級が上手くいっていると思っていた私にとって、この事はショックだった。

担任をして三年目。私は『授業の腕をあげる法則』に出会った。授業が激変した。情趣的な言い方だが、明らかに子どもの授業の反応が違うのを感じた。そして、それは数字となってはっきりと表れた。当時、五年生三十八人を担任していた。三十八人全員が授業アンケートで「授業が分かりやすい」と回答した。以来、現時点で八年連続で、授業アンケートで全員が「授業が分かりやすい」と回答している。

『授業の腕をあげる法則』には、明確な授業上達の道筋がある。

『授業の腕をあげる法則』を読んだ時、「目から鱗」の連続だった。しかし、「目から鱗」で終えてはいけない。その人なりの修業が必要である。

まず、私がしたことはこれである。

(1)授業の原則一〇カ条を丸暗記すること

私は「授業の原則一〇カ条は覚えなければ意味がない」と思った。だから、丸暗記に努めた。私は車での通勤である。通勤中の車内で、毎日授業の原則を唱え続けた。「趣意説明の原則、一時一事の原則、簡明の原則、……」というように、である。

途中、つっかえて出てこない原則があった。それこそが、自分にとって弱点なのだと思った。助手席には『授業の腕をあげる法則』が置いてある。赤信号で止まった時に、すぐさまつっかえた原則を確認した。

また、私は授業の原則一〇カ条が、どの原則が何番目なのかすらすら言えることにもこだわった。例えば、「第五条は何か?」「第七条は何か?」というように、である。このようなささやかなこだわりも大切だと思ったのである。

次に、私がしたことはこれである。

(2)一つの原則を選び、それだけに留意して実践すること

全ての原則を意識して授業を行うことは難しい。もちろん、全ての原則を無意識にできるようになることが一番良い。しかし、当時の私はとてもそのようなレベルではなかった(現在も修業中である)。

そこで、一つの原則を選び、それだけに留意して実践に臨んだ。「今日は、趣意説明の原則を意識して授業に臨もう」「今日は、個別評定の原則を意識して授業に臨もう」というように、である。「一〇全ての原則は難しいが、一つの原則だけだったら何とかなる」と思ったわけである。

そして、帰りの車内で、本当に意識し実行できたのか考えていた。場合によっては、やたらと趣意説明が多い一日、個別評定が多い一日もあった。翌日は、別の一つの原則に留意して、実践に臨んだ。この過程において、一つ一つの原則が確実に身に付いていったように思う。

次に、私がしたことは次である。

(3) 向山洋一氏がどのような事例を用いてその原則を説明しているかに着目して読み込むこと

向山洋一氏は、様々な事例を用いて各原則を説明している。

例えば、「確認の原則」の場面。新出漢字を正しく書けているか確認する時は、どのような確認方法を事例に挙げているだろうか？　また、全員を朗読させる時、どのような確認方法を事例に挙げているだろうか？　このような事にこだわって読み込むことも大切だと考えた。初めて読んだ時と異なる世界が見えた。

以上の事が、主に私が『授業の腕をあげる法則』を通して行ってきた修業である。

くり返すが、『授業の腕をあげる法則』は、「目から鱗」の連続の書籍である。だからこそ、「目から鱗」で終わらせないよう、あれこれと工夫をしなければならない。

私の場合は、「原則の丸暗記」「実践」「再度の読み込み」の往復運動であった。学級の三割の子どもが「授業が分かりにくい」と回答していた頃からの大きな変化。ぜひとも一人でも多くの先生方の手に渡ることを願っている。

学芸みらい教育新書 ❶
新版《しんぱん》 授業《じゅぎょう》の腕《うで》を上《あ》げる法則《ほうそく》

2015年 8 月 1 日　初版発行
2017年 4 月 1 日　第 4 版発行

著　者　向山洋一

発行者　小島直人

発行所　株式会社学芸みらい社
〒162-0833 東京都新宿区箪笥町31番 箪笥町SKビル
電話番号 03-5227-1266
http://gakugeimirai.jp/
E-mail：info@gakugeimirai.jp

印刷所・製本所　藤原印刷株式会社

ブックデザイン・本文組版　エディプレッション（吉久隆志・古川美佐）

落丁・乱丁は弊社宛にお送りください。送料弊社負担でお取り替えいたします。

ISBN978-4-905374-75-6 C3237